JN306943

二見文庫

運命改善の不思議な旅99の謎

森田 健 著

はじめに

「明日から不思議研究所を始めよう！」

私はある晩、ベッドのなかで宣言しました。

隣に寝ていた妻は数秒考えたあと、

「いいんじゃない」

と答えてくれました。

しかし、私は会社の経営者です。翌日、社員を集めて同じ宣言をすると、みんなは口を開いたまま閉じることができませんでした。なぜなら、うちはＩＴ関連の会社だったからです。一応、科学的に仕事をしています。その社長が不思議な調査を始めてしまったら、どうなるのでしょうか？

社員は不安でいっぱいだったはずです。けれど、私は本当に始めました。インドや中国に行ったまま、１カ月も帰らないこともありました。銀行だってもうお金を貸してはくれなくなるでしょう。つぶれてしまうかもしれません。

ところが、会社は儲かりだしたのです。

あれから20年経ちましたが、銀行からの借金はすべて返済して、今は無借金経営です。それは、よく当たる占いに出会ったからです。商売運も変えることができたのです。会社のロッカーの上には、ウサギのぬいぐるみや猿の置物があります。それらが自動的にお客を運んでくれるのです。会社だけではありません。私自身も億万長者になってしまいました。

2年間で5億円儲けて、世田谷にキャッシュで家を買いました。しかし、不思議研究を始めた当初、占いをいちばん信じていなかったのは自分自身でした。私は理科系です。占いは統計学の問題だと思っていました。だから当たることだってあるとは思いましたが、もちろん外《はず》れることもあるでしょう。

しかし、当たる確率が9割を超えることがわかったとき、人生観も180度ひっくり返りました。

すべての運命が決まっているとすれば、私の自由はどこにあるのでしょうか？　でも、運命は変えることができたのです。科学的には絶対にありえないことが起こるようになったのです。

本書は旅の形で書かれていますが、運命変更の究極の極意が随所にちりばめられています。読み終わるころには、あなたにも億万長者への門が開かれていることでしょう。

森田　健

2010年5月

もくじ

PART2 「未来予知」を探る不思議な旅

PART3 「時空超越」を探る不思議な旅

PART4 「肉体と魂」を探る不思議な旅

PART5　「無意識」は未来を知っている

PART6 「六爻《ろっこう》占術」で必ず運命は好転できる！

PART7 幸運を呼び寄せる方程式――Q&A

PART1　いざ、運命改善の不思議な旅へ

1 私は何？ 私の存在する「時空」のしくみは？

東京都西多摩郡日の出村というのは、私が生まれた場所です。

「東京都に村があるなんて知らなかったわ」

といわれることが多かったです。

駅から自宅まで1キロメートルありますが、家は1軒もありません。なので、小学校のころはひとりで遊ぶことばかりでした。

家では牛や羊やヤギやニワトリを飼っていました。子ヤギが生まれると毎日追いかけ回していました。

生活の糧《かて》はイチゴの栽培です。私も収穫を手伝いました。大きなイチゴを籠《かご》に入れながら、「これを食べるのは都会の人なんだろうなぁ」と思いました。

出荷できないイチゴがわが家のものです。なので私が食べていたのは、小さくて形の悪いイチゴです。だから、ときどき親の目を盗んでつまみ食いする大きなイチゴは、本当に美味《おい》しかったです。

畑に立って見わたすと、地平線しか見えません。そんなとき、ふと「私」という意識を

現在でも単線

日の出村の平井川

もっているのは自分しかいない、という気持ちになりました。

夜は満天の星でした。輝く星々のなかに、「私」という意識をもった生命体はいるでしょうか？ 科学の雑誌によれば、まだ知的生命体は発見されていないそうです。

布団に入ると思いました。

「この『私という感覚』は、死ぬと消えてしまうんだろうか？」

考えはじめると眠れなくなりました。

神様がいるとすれば、なぜ私をつくったのか？

死んで無くなるのならば、意味がないんじゃないか？

将来何になりたいかと聞かれれば、「科学者です」と答えていました。そういうことを知りたかったからです。

友達が遠かったという理由もあり、学校に行くと孤立していました。背がいちばん低く、あだ名はデコでした。おでこが出ていたからです。

小学校4年生を過ぎたあたりから、いじめられるようになりました。理由は「デコが泣いたのを見たことがない。泣かせてみよう」でした。

数人に校舎の裏に連れて行かれ、殴る蹴るの乱暴を受けました。2年間も続きましたが、私は一度も泣けませんでした。

そのうち、学校に行っただけで吐き気を感じて、1時間目で早退する毎日でした。でも、親が心配するので家には帰らず、カタツムリを採《と》って売りに行きました。漢方薬の原料になるというので、買ってくれるところがあったのです。

その隣がお寺でした。見れば「書道を教えます」と書いてあります。私はその門を叩きました。

縁側に小さな机が出してあり、私はその前に座りました。

和尚はいいました。

「何でもいいから好きな文字を書いてみなさい」

私は「空（そら）」と書きました。

それを見て和尚はいいました。

「いきなり空（くう）ときたか……」

「いいえ、空（そら）が綺麗《きれい》だったから」

「そうか……」

私は半紙をめくると、もうひとつ書きました。

「僕」

「次は『僕』ときたか……」

「空があって僕がいる。とても不思議」

「そうだね」

私は学校を早引けすると、この和尚さんのところに通《かよ》いました。そして、「空」の話や「僕」の話をしたのです。

空を拡大すれば時空《じくう》になります。

その時空に、なぜ「僕」が存在しているのか。

私は今58歳です。しかし、いまだにその解答が得られません。だから不思議なことの調査をやりつづけているのです。

2 魂や霊魂は存在するのか？

その日は雨でした。縁側では濡れるので、習字は本堂で行なわれました。

暗い室内で、何体かの仏像がこちらを向いていました。私は和尚さんに聞きました。

「ここでお経をあげるんですね」

「そうだよ。それが私の仕事だから」

「魂を成仏《じょうぶつ》させるんですよね」

「よく知っているね」

「お葬式のとき、和尚さんはまず死体の前に座りますよね、そのとき魂は死体のそばにいるんですか?」

「普通はそうだといわれている」

「見たことはありますか?」

「ない」

「お経を唱えると成仏するというのは、死体から離れて上に上がっていくことですか?」

「そうともいえる」

「そうともいえるって?」

「見たことはないから」

私はしばらく観音像を見つめてから、いいました。

「ということは、和尚さんは魂を見たこともないし、感じたこともないのですね」

「そういうことになる」

「それでも魂はいると思っている?」

「そうだ。なぜだと思う?」

「僕がいるから」

「そうだ。そのとおりだ」

「僕は成仏しても消滅しないのでしょうか？」

「しないといわれている。輪廻転生《りんねてんせい》するからだ」

「僕は前世で別の人だったということ？」

「そうだ」

「なぜ、それを覚えていないの？」

「さあ、なぜだろう。本当のところはわからない」

この和尚さんからの影響は大きかったです。なぜかといえば、和尚さんは知らないことは知らないといったからです。小学校5年生だった私からすれば、お寺の和尚さんは何でも知っている印象をもちます。でも、当時の私と同じくらい、知らないことは知らなかったのです。

そして思いました。人間は、大事なことをまったく知らないで生きているのだと。

3 誰にも平等な「宇宙の運動法則」をつくったのは誰？

ある日、和尚さんの書斎に案内されました。そこには難しそうな本が並んでいました。

小学生のころの私

『相対性原理解説』『宇宙の始まり』などなど。

「和尚さんは理科系なんですか?」

「そう、物理学科だったんだ。オヤジが早死にして寺を継いだんだ」

「理科系の本とお経は、共通点があるんですか?」

「平等に救われるという点かな……」

「平等に救われる?」

「森田君には難しいかな。善人が救われるのなら、悪人はもっと救われるといった偉いお坊さんがいるんだ」

「自動的にですか?」

「いや、念仏を唱えなければならないが」

「そうですか……」

　私はイジメを受けていましたが、彼らが悪人とも思えません。成り行きだと思っています。しかも、そのお陰《かげ》で和尚さんにも会えました。

でも、イジメをしている人たちが悪人だったとしても、救うとか救われるとかの対象になるのでしょうか？

いえ、その前に、人間はもともと救われていない存在なのでしょうか？

この疑問は、とうとう言葉になりませんでした。

時は経ち、高校2年になりました。

物理の時間に先生が黒板に方程式を書いていました。私はつぶやきました。

「この方程式は宇宙の隅々まで行きわたっている。この方程式の恩恵にあずかれない者は誰もいない。すべてに平等だ。そしてこの方程式をつくったのは誰だろう？」

この瞬間、私の人生が決定されてしまいました。

方程式をつくった存在を探査する人生です。

4 方程式のなかに神を見いだした私にとって「神」とは？

その後、大学に入りましたが、そこはカトリック系でした。当然、宗教に関連した授業が多く、神父さんが教授を兼ねている場合もありました。

上演中のSTOMP（ニューヨーク）

そこで知った宗教観では、神は天の上から私たちを見ている存在だということです。祈ったりする対象が神だということです。そのために大学内に教会まであり、そこで授業が行なわれたりもしました。

しかし、西洋近代科学史という講義では、ちょっと違った価値観に出会いました。ガリレオやケプラーも神を信じていたというのです。彼らは惑星の方程式をつくるとき、方程式のなかの数字に自然数しか当てはめませんでした。神は美しいはずだから、方程式も美しいはずだと考えたのです。これは高校生のとき、方程式のなかに神を見いだした私の考えと似ていました。

最近、ニューヨークに行ったとき、オフ・ブロードウェイのＳＴＯＭＰというパフォーマンスを観てきました。

ＳＴＯＭＰにはセリフや歌がまったくないので、英語がよくわからなくてもアメリカ人と同じように楽しめます。何をしているかというと、あらゆるものを音楽にしてしまうのです。高価で美しい音色《ねいろ》を出す楽器はひとつも使われず、自らの体と身のまわりのありきたりの物で音楽をつくり出します。

私が感動したのは、ゴミくずからの音楽です。紙袋を優しく叩《たた》くと、とてもいい音がします。それをみんなでやるのです。それだけではありません。

マッチ箱を叩く、ライターのふたを開けたり閉じたりする、床にまいた粉を擦るなど、ひとりひとりの出演者だけを見ていると、それぞれ勝手に音を出しているようにしか見えません。誰が主役なのかもはっきりしません。オーケストラと違って指揮者もいません。なのに、全体として音楽が奏でられ、パフォーマンスが進みます。

神がいるとしたら、ＳＴＯＭＰの出演者のひとりひとりのような小さくか弱い存在なのではないでしょうか？

もしもそうだとすれば、私たち自身が神の現われとなると思います。それも、ひとりひとり独立した個性をもった神の現われです。

5 人間に「自由」はあるのだろうか？

人間の歴史は、自由平等をめざすなかで進んできました。明治維新で士農工商が崩壊し、誰もが好きな職業を選択できるようになりました。そして今、私たちは自由を謳歌《おうか》しています。人生の計画を立て、目標に向かって生きていきます。

でも、私たちは本当に自由が欲しいのでしょうか？

大学4年のとき、「自由からの逃走」という授業を取りました。ドイツ生まれのユダヤ人心理学者エーリッヒ・フロムが書いた一冊の本を、半年かけて勉強するのです。夏休みには2泊の合宿までありました。教授は神父さんです。

なぜ「自由からの逃走」という題がついたかというと、人は自由を求めているように見えても、本当は自由が怖くて、自由から逃げたいのだというのです。宗教だってそのうちのひとつだとフロムはいいます。

だから、この授業をしている神父さんは、さすがだと思いました。自分で自分の首を絞めるようなものだからです。

なぜ自由から逃げたいのでしょう？　それは「孤独」がキーだからです。自由になれば

私の書いた小説

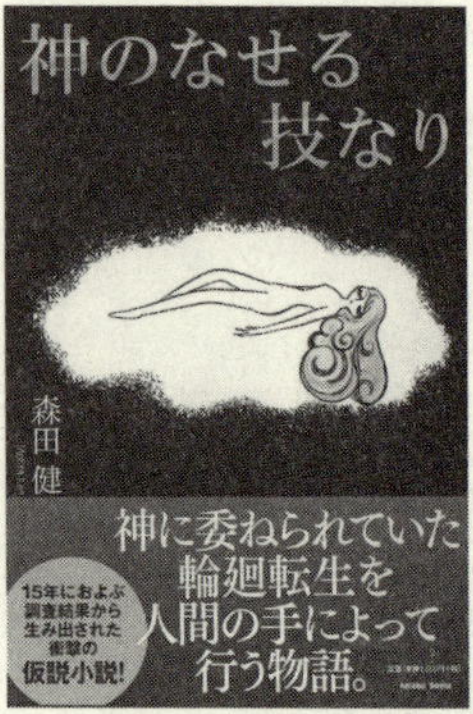
神のなせる技なり
森田健
神に委ねられていた
輪廻転生を
人間の手によって
行う物語。
15年におよぶ
調査結果から
生み出された
衝撃の
仮説小説!

アメーバーブックス刊

なるほど、人は孤独になるというのです。だから、それが怖くて自由から逃走したいというのです。

いわれてみれば、そうです。学校では制服があったほうがいい、という意見が多いのも、そのためだと思います。

恋人から何も束縛を感じなかったら、逆に孤独感を感じるはずです。

大学の授業から20年の歳月が経ち、私は大変な事実に遭遇します。

なんと、運命の90％は決まっていたのです。私の不思議調査で、この事実ほど大きなことはありません。

小学校でイジメに遭い、和尚さんのところに行ったのも、カトリックの大学に受かったのも、すべて決まっていたことなのです。

大学内に教会もある

「自由からの逃走」の講義が行なわれた

上智大学１号館

それだけではありません。私は最近、小説を書きました。『神のなせる技なり』という題名です。

文学というのは作家の内面が創り出すもので、他の誰にもマネできるものではないでしょう。大きく分ければ芸術の領域に入ります。でも、それすら運命どおりなのです。

今まで何度も戦争が起こりました。そのたびに反省して、平和な世の中をつくってきました。それすら運命どおりなのです。

そういう運命を決めたのは、神に違いありません。私は神を恨もうと思いました。

6「はたして、運命は決まっている?

運命が決まっていることを教えてくれたのは、中国人の考古学者・王虎応《ワンフーイン》、通称トラさんです。

初めて中国に行ったとき、私は中国の新聞に「不思議現象求む」という広告を出しました。それを見たトラさんは、いきなり私をホテルに訪ねてきて、ドアをノックしました。

「私も不思議なことが大好きです。ご一緒させてください」

私は突然の来訪者に怖くなって、ドアを閉めてしまいました。でも翌日、彼は朝の4時

「運命は決まっている」というトラさん（左）

標高6000メートルのチベットで

に道ばたで私たちの車を待っていたのです。もう諦めるしかありません。彼は1週間、私たちに同行しました。

そのとき、彼はわかっていたといいます。私と彼が、その後長い付き合いになるということを……。

彼は山西省という田舎に住んでいます。私は北京を中心に調査活動をしていたので、しばらく彼と会うことはありませんでした。

3年間のブランクがあり、仙人がいるといわれている五体山を訪れました。そこは山西省です。仙人には会えず、暇だったのでトラさんに電話しました。

再会した私は、彼から初めて「六爻占術《ろっこうせんじゅつ》」という占いを知ります。3枚のコインを6回投げて占うのですが、あまりに非科学的なのでまったく信用しませんでした。しかし夜になると、ホテルにトラさんを訪ねてくる人がいます。彼に占ってもらうためです。相談者は50元を支払っていました。私は、

「人をだましてお金を取ってはいけないよ」

などといっていました。そして、彼とチベットに行くことになりました。標高6000メートルを走る4輪駆動車のなかで、トラさんは六爻占術がいかに当たるかという話をしました。私は恐る恐る聞きました。

「運命は決まっているのですか？」

「はい、決まっています」

このときから、私の価値観が崩壊しはじめました。

チベットから帰るとすぐに山西省に行き、10日間泊まりこんで六爻占術を勉強しました。

3枚のコインを6回振る、こんな非科学的に思われることが、実はそうではなかったのです。運命の大半が決まっているとすれば、コインは偶然に落ちているのではないからです。

そして、運命は決まっているだけではないことも知ります。

7 決まっているはずの運命だが、変えられる？

運命を決めたくせに、神は運命を変える方法も用意してくれていました。

私の親戚で、夫の側が原因で子供ができない女性がいました。産婦人科を何軒回っても、いわれることは同じでした。

「どんなに治療をしても無駄です。現在の医学では治すことはできません。子供は諦めてください」

見合い結婚だったので、別れ話までもちあがりました。

運命を変えた羊の携帯ストラップ

しかし、六爻占術は運命を変更する方法も提示してくれるのです。

私はその占いを使い、夫婦に羊の携帯ストラップを持たせました。すると3カ月で妊娠したのです。赤ちゃんは無事に生まれ、すくすくと育っています。

自由に生きているだけなら、こういうことは起こりません。普通は『科学的な』限られた範囲内でのことしか、変化は起こせないからです。

これは、運命は決まっているということを肯定したから起こったのです。羊の携帯ストラップは、決まっている運命そのものを変えるグッズだからです。だってそうでしょう、妊娠できないという運命がわかったからこそ、それを変えるための方法が出てきたのですから。

運命の90％は決まっています。10％しか自由はありません。こういうと、人は大変にガッカリします。

しかし10％の自由を使えば、90％の人生を大きく変えることができます。

ところで、この夫婦のもともとの運命はどうだったでしょうか？

生まれた日と時間で判断する四柱推命《しちゅうすいめい》という占いがあります。それによれば、この夫婦は離婚するはずでした。ところが、離婚すべき時期はすぎ、今も仲むつまじく暮らしています。

これによって、世界は大きく変わったはずです。生まれるはずのなかった子供が生まれたからです。その子が大きくなれば、恋もするでしょう。そして、結婚して子供も生まれるでしょう。その孫だって、もともとの運命にはなかったことなのです。

運命は決まっているけれど、変えることができる。

この事実を知ることで、私たちは「大きな自由」を手にすることができるのです。そして、この本では、そのことについて、詳しく述べることになります。

8 世界は不思議な現象に満ちている！

世の中には、生まれながらにして不思議なことが好きな人がいます。不思議なことが書かれた雑誌を読んでいたりもします。

特殊な能力をもっている人もいます。霊を見ることができたり、スプーンを曲げることができたり……。

でも、私にはそういう能力はありません。ありきたりの凡人です。しかも理科系なので、不思議現象を頭から信じるタイプではありません。テレビでやっている超能力番組など、やらせだと思っていました。

けれども、私は多くの不思議現象に遭遇《そうぐう》しました。

あるときは目の前で、煎《い》ったピーナッツから瞬間的に芽が出ました。赤リンゴが青リンゴに変わりました。ゆで卵が生卵に変わりました。密閉されたビンからボールを出す現象にも遭遇しました。私のお尻から入れた金属リングを、ヘソから出してもらったこともあります。仙人にも会いました。

そうしているうちに、私自身にも変化が訪れました。自由に幽体離脱《ゆうたいりだつ》できるようになったのです。さらに占いを使えば、未来を90％もの確率で当てることができます。

また、あの世のことをよく覚えている人に100人も会いました。

これらは『運命好転の不思議現象99の謎』（二見書房）をご覧ください。多くは写真入りで紹介されています。そして、この本にも多数の不思議現象が載ることになります。

これら不思議現象を通して何を感じたか？

世界は捨てたものではないということです。

常識では考えられないことが、たくさんあるということです。

科学的な理由はまだわかりません。でも、熱力学の法則を知らなくても原始時代に火をおこすことはできました。

スプーンが曲がっても、たいした得《とく》にはなりません。

でも、私が集めた不思議現象は、誰にでも使えるものがあります。それは、運命を変えるということです。

PART2 「未来予知」を探る不思議な旅

9 不思議な旅を続ける極意は「受け身でいること」

私は小さな会社の経営者です。社員は15人程度でそれほど儲かっているわけではありません。でも　不思議な旅に出ていくことにしました。「私は何?」「時空のしくみはどうなっているの?」ということを知りたかったからです。

まず、フィリピンと中国の新聞に広告を出しました。

「不思議現象求む」

これが、すべての始まりです。

今はインターネットが普及していますが、それは使いません。なぜなら、ネットに載っていることは、すでに知られていることだからです。未知のことを知るには、インターネットは使えないのです。

新聞広告で多くの情報が集まりました。それらをひとつひとつ訪れることになりますが、問題があります。資金です。

1カ月間海外を旅したら、なんと400万円もかかりました。へき地が多いので案内人が必要で、4輪駆動の車も長期間借りなければならないからです。10回行けば4000万

フィリピンの新聞広告

WANTED

THE RESEARCH INSTITUTE OF HUMAN PHYSICAL SCIENCE - BASED IN TOKYO, JAPAN IS IN NEED OF **PSYCHIC HEALER** TO PARTICIPATE/COOPERATE WITH THEM ON THE STUDY/RESEARCH THEY WILL UNDERTAKE.

PLS. CONTACT:

SUNWORLD TRAVEL CORP.
GROUND FLOOR, CROWN TOWER BLDG.,
H.V. DELA COSTA STREET,
SALCEDO VILLAGE, MAKATI CITY
TEL. NOS. 893-34-47/813-66-63
FAX NO. 8136664

円、33回行けば1億3200万円です。

結局、今まで33回行きました。

資金はどうしたかって?

不思議な旅の途中で「六爻占術《ろっこうせんじゅつ》」という占いに出会い、それで株を当てることができました。私は占いを使って株で大儲けをしてしまったのです。なんと、5億円も儲けたのです。それで世田谷に自宅をキャッシュで買いました。それだけではありません。先ほども書きましたが、不妊で悩んでいた親戚は、離婚せずに子供が生まれました。私は不思議な旅をするなかで、運命を好転してしまったようです。

さて、不思議な旅を続けるうえで、大事なことは何だと思いますか?

「受け身でいること」です。

私は自分で計画を立てません。現地で案内してくれる人に、すべてお任せします。朝起きて、その日どこに行くかも知りません。4輪駆動車の後ろに乗っていて、どこに向かっているかも知りません。もしも自分で計画すれば、未知のものに遭遇することはできないからです。こうして私は、日本人の多くが知らない情報を手にすることができたのです。

10 四柱推命の命式に従って掟《おきて》を破った盲師派占術師

誕生時間で占う方法を「四柱推命」といいます。中国の四柱推命は、目明き派と盲師派に分かれます。目明き派は目が見える人の占い師に伝わった方法で、盲師派は目が見えない占い師の方法です。

どちらの占いが当たると思いますか？

盲師派なのです。なぜなら盲目だとは初めから不利なので、その分、必死で研究を積み重ね、それを盲目の占い師にだけ秘伝として伝えてきたからです。

ところが、それがそっくりそのまま日本に伝わることになりました。そのいきさつをお話しましょう。

ある盲目の占い師が小さな村で生まれました。村で一番の盲目の師匠から占術を教わる

盲目の占い師

と、すぐに旅に出ました。

都会を転々としながら占いをして、お金を得ました。そして、自分の家に仕送りをしていました。数多くの人を占い、その判断に対する結果も聞きました。

そして彼の占いの精度はどんどん上がりました。

彼は自分の占いから死期をさとり、村に戻りました。そのとき、偶然にも私の友達である段さんという目明き派の占い師に出会いました。

段さんは後日、私に次のようにいいました。

「お目にかかってから知ったのですが、彼は盲師派占術の正統的な伝人でした。

私は古代のいろいろな四柱推命術の本を読みましたが、彼の推断の的確さに驚き、感服しました」

しかし、盲師派には目明きに教えてはならないという掟がありました。だから、段さんが自分に伝授してくれと頼んでも、盲師は断ります。掟は破れない……と。

でも、数日後に弟子入りを許されます。なぜでしょう?

先ほども書きましたように、四柱推命は生まれた日と時間で一生を判断します。年月日時を計算したものを「命式」といいます。

段さんの命式を見たとき、盲師はつぶやいたそうです。

「この男の命式には盲師派占術を会得することが出ておる。しかも教える相手はこのわしじゃ」

掟を守るか、それとも運命に従って掟を破るか……。

盲師は人に運命を伝えてきた男です。運命に逆らうことは、時空そのものを否定することになると思いました。

段さんに秘伝をすべて伝え終わると、自分の命式どおりに死んでいったのです。

盲師は、段さんを通じて盲師派占術が日本に広がることも知っていたそうです。

こうして今、そのテキストが私の手元にあります。これも運命どおりなのです。

11 出生日時のコントロールで子供の運命を変える

ある日、段さんのところに自分の子供の運を占ってほしいという父親が来ました。段さんは占いました。そして時が経ちました……。

あるとき、その父親が、「子供の人生があまり当たっていない」といってきたそうです。段さんは子供の誕生のときのことを聞きました。するとその父親は、こんなことをいったのです

「息子は出産のとき、泣かなかったのです。何かに異常があったのです。それで集中治療室に入れられて治療が行なわれました。数日経ち、そこから出すと初めて泣きました」

段さんは泣いた時間で命式をつくり直しました。すると、すべて当たったのです。

これにより、段さんは次の仮説をつくりました。

「泣いたときが誕生時刻なのだ」……と。

そして次の仮説もつくりました。

「水中出産はしばらく水から出さなくても赤ちゃんに影響はないはずだ。それで誕生時刻を延ばすことができる」

水中出産で運命を変える

ある日、それを実行する人（父親）が現われました。そして段さんの携帯に電話してきました。「今生まれた。まだ水中にいる。もうすぐ刻《とき》の切り替わりだ。どっちの刻がいいか計算してくれ!!」

段さんは即座に命式を出し、計算しました。そして遅らせたほうが財運によいことを知らせました。

水中から出したとき、赤ちゃんは泣きました。その子は財運のよい人生を歩みだしたそうです。

しかし、水中出産では生まれる時間しか変えることができません。日までコントロールできればもっと運命をよくすることができます。そして考えられたのが、帝王切開を使うことです。運命が最もよい日と時間を割り出し、その日に手術して産ませるという手法です。

実際に段さんは、自分の子供をこの方法で出産させました。子供は今、とてもよい運勢をたどっているそうです。

12 恍惚の無意識状態で未来を予知する女性

湖南省の山中に入ると、まるで家畜小屋を思わせる場所に大勢の人が集まっていました。その中心に長椅子があり、ひとりの女性がまるでイッてしまったかのように寝ていました。

彼女は、恍惚状態になって、相談者の悩みに応じる人だったのです。

私の前には多くの相談者がいて、3時間も待たされましたが、その人たちへの判断には目を瞠《みは》るものがありました。生年月日や生まれた時間を当てられている人もいました。

病気の人がいて、治すための漢方薬を伝えられた人もいました。私の友達がその薬の名前を手帳に書き留めてあげていると、突然彼女が「その字はサンズイではなく、ゴンベンだよ」などといいました。彼女にとってその手帳は見える位置ではないのに、文字が見えていたのです。

私の番になりました。

「まず場所のことからです。この人（森田）の生まれた家の近くには八幡神宮があり、それは平地ではなく、窪地にあります。坂の途中にあります。この情報は合っていますか？合っていれば次に進みます」

「合っています。私が子供のころによく遊んだ神社です。そこだけ窪地になっていて、急な坂があります」

「次は過去のことです。森田さんは今まで5つの会社を経験してきました」

「当たりです。サラリーマンでひとつと、独立してから4つの会社をつくりました」

「最近本を書いて、有名になりつつあります」

「はい、本は書いています」

「財運はとてもよいです。しかし、森田さんは研究のほうが大事です。研究はまだ始まったばかりです。大きな成果はまだありません。徐々に成果が上がりつつあります。そして、最後には大きな成果を残します。次に病気の診断に移ります。頭にも目にも鼻にも口にも、病気はありません。手に怪我があります。2カ所あります」

「当たりです。1カ所はスキーで転んだときのものです。手術までしました。もう1カ所はバイクで車に衝突しました」

「お腹に盲腸の手術の痕があります」

恍惚となり未来を予知する女性

「当たりです」

「子供は娘さんがひとりいて、すでに大きくなっています。今、大学1年生です」

「当たりです」

この他にもたくさん判断しましたが、全部当たりました。

この情報はいったいどこから取っているのでしょうか？　判断している最中、彼女はずっと目をつむっていました。

次の相談者は、自分の息子のことを聞きにきた母親でした。

でも、そのことを何もいわないのに、能力者はしゃべりはじめました。

「息子さんは銀行の警備部に勤務しています。ある夜、銀行強盗が入りました。息子さんは縛られて、猿ぐつわをされました。そして強盗は金を奪い、逃げました。息子さんは強盗が車に乗る瞬間、頭巾を外した彼らの顔を見ました。そして公安に行って彼らの人相をしゃべりました。数日後、息子さんは犯人たちに襲われました。でも、スキをついてやっと逃げました」

ここまでを能力者は一気にしゃべりました。母親は、言葉もありませんでした。すべて図星だったからです。能力者はいいました。

「息子さんは北の方向の親戚の家に行きなさい。そこで数日すごせば、すべてが解決します」

能力者の描写は、まるで映画を見てしゃべっているようでした。こんなことがどうして可能なのでしょうか？

おそらく、恍惚状態で無意識の世界に通じているのが原因なのだろうと思います。

13 顔を見るだけですべてがわかる「驚異の面相占術師」

私は「面相占い」なんて信じていませんでした。しかし、それは突然起こったのです。庭で談笑していると、彼がいいました。

「森田さんのペニスには大きなホクロがありますね。それが運をよくしています」

「えー、ありますよ。いつも気にしていました。しかし、見てもいないのにどうしてわかるのですか？」

「顔に書いてあります」

「顔にペニスのホクロがあるなどと、書いてあるわけはないでしょう!!」

ここで案内人が口をはさみました。

「この人は、面相占術の大家です」

彼は続けました。

「森田さんには女の子供がひとりいます。そしてもうひとりの男の子は流産しました」

「そ、そんなことが顔を見るだけでわかるのですか？」

「はい、顔を見ればわかります」

私は参りました。

「ぜひ私の顔を見て、私のことを全部判断してください」

私の顔をじっと見ながら、いいました。

「職業はコンピュータ、本の執筆です。寝ているところは2階です。6回の引っ越しをしました。兄弟は2人です。お父さんの兄弟も2人です。足にちょっと大きい怪我の痕があります。交通事故を起こしました。それは赤いバイクに乗っていて、西南の方向に向かっ

驚異の面相師・史さんと

ているときのことでした。お父さんは40歳半ばに亡くなっています」

すべて当たっていました。

私は聞きました。

「面相でも運命を改善できるのですか？」

「できます。しかし顔を変えるのではありません。青いパンツを穿いてください。上半身は黄色か赤がよいです。もっと運も上がります。今は西に頭を向けて寝ていますが、頭は東がよいです。頭が西に向かうとよくありません」

「そうして運命を変えると、顔も変わりますか？」

「もちろんです。いい顔になります」

彼の名を史《シ》さんといいます。彼から教わった、運をよくする簡単なテクニックをいくつか公開しましょう。

顔がほっそりしている人は、あまり運がよくないとされています。丸顔でふっくらしているほうがいいのです。

だからダイエットする必要はありません。それで史さんは、アゴをふっくらさせる手術までしました。やはり現代人の美醜の感覚とは違います。

歯の数は、男性は多いほうがよいです。むやみに抜かないほうがいいのです。女性は逆に多くないほうがいいです。

口の端は上がっていると吉です。つまり、いつもスマイルを心がけていると運がよくなります。

生まれてから14歳までの運命は「耳」に、15歳から20代の運命は「額」に、30代の運命は「目」に、40代は「鼻」に、50代は「口」に、60歳以上の運命は「アゴ」に表われます。目を見ればその人の30代が、アゴを見れば60代以降の運命がわかるわけです。

女性の場合、自分の歳に当たる部分のメイクに気をつかってください。20代の人は額にニキビができないように注意し、30代の人はアイメイクに力を入れるといいでしょう。

男性の場合、一般にヒゲは吉になります。ヒゲを生やしたほうがふくよかな印象になるからです。

そういえば、明治時代の偉い人はアゴヒゲを伸ばしていることが多いですね。

ホクロは基本的に凶です。例えば額にたくさんホクロがある人は、幸せな20代を送れません。医者に取ってもらうのがベストですが、髪やメイクで隠すだけでも効果があります。

もっとも、例外的に吉のホクロもあります。女性の場合は左目の横、男性の場合は右目の横にホクロがあると、恋愛運が上がるといいます。そこに付けぼくろをしてもよいです。

14 住む階を変えたら運命と面相が変わった！

四川省の重慶という町に行ったときのことです。私たちをいろいろと案内してくれたカップルがいました。面相師の史さんは、彼らに初めて会ったにもかかわらず、いきなりいいました。

「あなたたちは19階に住んでいますね」

「えっ、どうしてわかるのですか？」

「顔に書いてあるからです」

「すごい……住んでいる階数もわかるのですか……でもそれがわかって、どうだというのでしょうか？」

史さん(左)と相談者のカップル(左から2、3人め)

「その19階というのが、あなたたちの運命を悪くしているのです」

「ゲッ。たとえば？」

そのあと、面相師は19階が引き起こしているあらゆる災難を書き出して、相手に見せました。そこには財運、恋愛運、健康運のすべてが入っていました。

そのなかには、大勢の前でいわれては恥ずかしい性的なことも書かれていました。でも、それはすべて当たっていたのです。

面相師はいいました。

「19という数字は、今いったすべてのできごとの災いの元になっています。なので階を変えてください。これから私のいう階が最もよいです」

面相師は、いくつかの階をいいました。

カップルの彼女のほうがいいました。そのとき、いわれた階に引っ越します」

「私たちは近々上海に転勤します。それであなたたちもうまくいきます」

「それがいいです。それであなたたちもうまくいきます」

ところで、面相師は彼らの顔から情報を取りましたが、顔そのものを変えろといったわけではありません。住む階を変えろといいました。この場合、面相は原因ではなかったのでしょうか？　つまり、面相が原因ならば、面相を変えないといけないはずです。面相師がいった階に変えても面相が同じだとすれば、いったい何が原因なのでしょうか……。

この件について、私は面相師に聞きました。すると、面相によって運命を見たとき、面相そのものを改善するよりも、風水（本人の周囲）を変えるのが最も効果が高いそうです。

19階は、19という数字だけが運命を剋してくるのではなく、19階で生活をしているというすべての状態（風水）が剋してくるというわけなのです。だから階を変えて、別の階の生活に変える必要があるのです。

さて、彼らが別の階に移り住んだらどうなるでしょうか。2～3カ月すると、「19階の悪い運命のパターンとしての面相」は消えるそうです。つまり、面相が変わるのです。ということは、面相を変えることで運命を変えたのではなく、面相の周囲を変えることで運命を変え、結果として面相を変えるのです。

4カ月後、私は再び中国に行きました。訪れたのは上海です。そのとき、例のカップルに再会しました。19階に住んでいると不幸が続くといわれたふたりです。

彼らは上海に転勤すると、面相師がいうとおりの階に入りました。するとどうでしょうか……。給与が3倍になり、あらゆることがうまくいくようになったのです。

史さんは中国で弟子をもったこともなく、本を書いたこともありません。しかし、日本では不思議研究所を通じてテキスト（『天機面相占術』）を発売し、セミナーも行ない、秘伝を公開しています。

15　夫婦仲の悪化を照明のひもが原因と看破した「風水」の神秘

面相師の史さんとともに、上海から青島に移動しました。そこを案内してくれたのは、最先端のＩＴ産業の社長でした。青島は海鮮料理で有名です。それを食べながら社長は、自分の家の設計図を史さんに見せました。

設計図と顔を見比べながら、史さんはいいました。

「奥さんは２００４年に目の手術をしました。子供は何かに憑依《ひょうい》されたように、夜中に突然泣きだします。一緒に住んでいるお母さんは皮膚病です。何回お医者さんに行っても治りません。しかし、２００５年には思いもよらないお金が入りました」

これらはすべて当たっていました。

帰り道の途中で、実際に社長のマンションに立ち寄りました。史さんは、まずマンションの入り口を見て次のようにいいました。

「２００２年にある要人が亡くなって盛大な葬式が行なわれました」

そのとおりだそうです。

次は部屋に入っていいました。

「２００５年に事業はよくなってきました。しかし、２００１年の金運が一番よかったです。奥さんは旦那さんと同じベッドに寝ていません。彼は南で、奥さんは北に寝ています」

ちなみに、家には4つのベッドがあるので、これを当てるのは大変です。そして史さんは決定的なことをいいました。

「昨年から旦那さんの性欲が弱くなってきました」

奥さんがとても恥ずかしそうに頷き、ご主人は、

「どうしたらいいでしょう?」

と聞きました。

史さんは原因と改善方法をいいはじめました。

「皮膚病の改善はミョウバン60グラムをよい日によい場所に置くことです。皮膚病は、家に土の五行が強すぎるために、五行のバランスがくずれたのが原因です。ミョウバンはそのエネルギーを洩らす働きがあります。子供が突然、何かに取り憑かれたように泣きだすのは、南に高いビルがあり、せまい大きな剣のようになっている隙間があるのが原因です。サボテンをビルの隙間を塞ぐように置くと治ります。性欲の減退については、ベッドのほうに大きい丸い灯りがあるのがよくないのです。その灯りのひもが長すぎるのです」

聞けば、あとからひもを長くしたのだそうです。

奥さんは、夫婦のセックスがないのは夫に密会嬢ができたからだと思っていたそうです。でも、ひもを長くするのを提案したのは奥さんだったので、愕然としていました。

電灯のひもを長くすると、どうしてもヨレヨレになってきます。それはヨレヨレのペニスを意味するのです。

みなさんも電灯のひもを長くしないほうがよいと思います。

史さんはこの風水の秘伝を『神技風水』というテキストで出し、日本に広めつつあります。

16 未来の運勢は、まず耳の形状と色で判断される

ある日、別の面相師に会いました。その名を張《チョウ》さんといいます。日本では、すでに史さんが有名になりつつあり、会うのはやめようと思ったくらいです。

会食のテーブルには古文書が積まれていました。張さんは中国でも有名な面相師の弟子でした。師匠から4冊の古文書をプレゼントされ、さらに本にして数冊以上の情報を口伝《くでん》で教わりました。そして師匠は死にました。

その場に史さんがいました。史さんを見ると張さんはいいました。

「史さんの耳は左の輪郭がはっきりしていません。なので、あなたは大卒ではありませんね」

実際に史さんは高卒でした。当たっていました。

次は私を見ると、いいました。

「おじいさんの時代は金持ちでしたが、長く続きませんでした。お父さんの代で全財産がなくなりました。お父さんは10年前に亡くなりましたが、お母さんはまだ生きています。森田さんは兄弟のなかでは2番めとして生まれました。小学校、中学校では成績がよかっ

「史さんより有名になる」と豪語した張さん（左から2人め）

たです。小学校では体が弱かったですが、13歳からだんだん健康になりました」

「すべて当たっています。父は保証人になり、それでわが家は全財産を失いました」

「26歳から運命が変わりました」

「その年にサラリーマンを辞《や》めて独立しました」

「30歳のときビジネスで有名になりました」

「郵政大臣賞を取りました」

「年齢が上がるごとによくなってきました。44歳以降は方向が変わり、それで運がどんどん上がってきました」

「不思議研究所を始めました。それで六爻占術という占いに出会い、それを使って株で大儲けをしました」

「最近、家を建てましたね。それまで住んでいたところは南のほうが開けていました」

「南は公園でした」

「新居は北のほうが広くなりました」

「妻の両親のために土地を買いました」

「これからの運をいいます。まず耳を見ます。重要なのは耳が顔より白いことです。いい運をまだ待っています。ちなみに、耳よりも顔が白い人は、ピークが終わった人です。森田さんは耳の輪郭がハッキリしているので大卒です。耳、額、眉、目が独特で、文章で名が残ります。文化的なことをやって有名になるのですが、同時にやっている他のビジネスでも金持ちになります。運命がだんだん高くなっていきますが、74歳は体が弱くなります。脾臓、肝臓に注意してください。他に大きな病気はありません」

史さんが大卒でないことを当てたことは、すでに書きました。実はそのあと、挑戦的なことをいったのです。

「史さん、あなたは面相をやる人ですね。私だってプロです。目の前にいる人が同業者であることくらい顔を見ればわかります。しかし史さん、正直にいわせてもらいます。私はあなたよりも有名になります」

ゲッ、なんと挑戦的な！

史さんといえば、日本でもすでに有名になりつつあります。その史さんを超えることなどありえないと思いました。しかし、その後、張さんから送られてきたテキストの原稿を見て、もしかすると……と思いました。

ところで、私は張さんの面相テキストを次のように利用しています。

◆新人採用

社長なので、新人を採用するとき、この人を入れれば吉かどうか、会社のためにしっかり働いてくれるかどうかを、面相を見て判断しています。また、金運のよい面相の人しか雇わないので、会社はとても儲かっています。

◆商売の交渉

商売の交渉をするとき、相手の考えていることが面相を見てわかるのでとても便利です。

◆女性関係

女性の顔を見て、エッチかどうかがわかります。「だから何？」といわれそうですが、たぶん便利なときもあるはずです。

◆髪型

私は張さんから「耳がよい」と指摘されました。それで耳を出すような髪型に変えました。

17 相談者の座った方角でパンツの色を当てる「スパロウ船長」

動作がなんとなく映画『パイレーツ・オブ・カリビアン／呪われた海賊たち』に出てくるスパロウ船長に似ているので、私はそういうニックネームをつけました。

彼は私を見ると話しはじめました。

「学歴が高いです。大卒です。あちこち回る職業です。中年になって金運はよくなってきました。２００１年、２００２年に大金が転がりこみました。住んでいる家の南のほうには車が通る道があり、その向こうは商店街になっています。建物は２階建てなので、あまり高くないです。結婚は30歳でした」

すべて当たっていました。『パイレーツ・オブ・カリビアン』に登場するスパロウ船長では、ここまでの判断はできません。

ここでスパロウ船長は、独《ひと》り言《ごと》をいいました。

「ここまでのことは、相談者が来なくてもわかります。きょう着ている洋服で占ったのです。森田さんが着ているシャツの色は少し白いからです。ここから先は、森田さんを目の前にしていないと判断できません。今、東の方向に座っていますね、ということは」

パンツの色を当てる「スパロウ船長」

いきなり大きな声でいいました。

「パンツは今、青い色をはいています」

当たっていました。

その後、その場にいた４人全員のパンツの色を当ててみせたのですから、ビックリしました。

スパロウ船長は「はっはっはっ」と、声高らかに笑ったのです。

普通、中国の占い師は、相手の生年月日を聞いたり、面相（顔）を見たりして占います。だけど、彼は何も使いません。生年月日も聞きませんでしたし、じっくりと顔や手相を見ることもしませんでした。

相手が座った方角……それだけでわかるというのです。

私の判断が終わったあと、スパロウ船長は

次のようにいいました。

「3日前、あるところに行きました。そこにいたある女性は、占いで何でも当てることができるといって威張っていました。私は気に入りませんでした。彼女の座った方向から即座に卦《け》を組み立てて、私はいいました。

『今あなたは、ピンクのパンツをはいていますね』

彼女は、

『どうして見てもいないのに、そんなことがわかるのですか』

といい、ビックリしてそのあとは威張らなくなりました。

はっはっはっ……。私がパンツの色で外したことがないことを彼女は知らないのですよ、はっはっはっ……。でも、そんなことだけで満足する私ではありません。彼女には密会クンがいること、旦那さんはある墓を掘ったあと、インポになったことも当てました。彼女は完全に黙りました。ふっふっふっ……はっはっはっ」

18 パンツの色を当てつづけられるのは、なぜ？

なぜスパロウ船長は、パンツの色を当てつづけるのでしょうか？　彼は私が座った方向からパンツの色を当てました。なんか変だと気づきませんか？

写真を見ればわかりますが、一方は壁になっています。つまり、360度開かれているわけではありません。正確にいえば、スパロウ船長の目の前に相談者用の椅子があり、その横にはソファーがあります。つまり、相談者の座る位置は90度しかありません。

何をいいたいかといえば、十二支で90度は25％です。しかし、客は赤いパンツのときもあれば、緑のパンツのときもあれば、白いパンツのときもあれば、黒いパンツのときもあるはずです。

なぜ彼は当たりつづけるのでしょうか？

スパロウ船長は、次のようにいいました。

「今、東の方向に座っていますね……（これは彼の独り言です）。パンツは今、青い色をはいています」

十二支の図でいうと、東は卯です。卯は木の五行です。木の五行は青です。なので、東に座った私のパンツは青だと判断したのです。

しかし、彼の部屋は90度しか座るところがありません。東から南のあいだです。そのあいだにある十二支は次のようになります。

卯木……青

辰土……黄色
巳火……赤とかピンク
午火……赤とかピンク
で、ひとつの問題は白です。白のパンツをはく人は多いと思います。スパロウ船長の背面に回りこめば申と酉の位置になり、白になります。

しかし、最大の問題は亥と子です。これは黒に当たり、スパロウ船長の部屋では壁になります。黒いパンツをはく人だっているはずです。しかし壁の向こうに行くことができないので、座った方向から判断すれば、黒いパンツを当てることができません。さあ、どうしましょう？

卵が先か鶏が先か……それと似ています。

「占い師は、すでに決まっている結果を占う」のだと考えるのが普通です。これは、占いと占う対象についていえる一般的な定義です。

この定義を崩してみましょう。すると、次のようになります。

「占い師が当たるように、結果が変わる」

何をバカな……というかもしれません。しかし、検討の価値がないとはいいきれません。

スパロウ船長の部屋では北西は壁なので、亥と子の位置に相談者が行くことができず、黒いパンツをはいていたとすれば、当たりません。だとすれば「１００％当たる」などとはいえません。

しかし彼は、座った方向だけで判断するといいました。とすれば、パンツの色の側が彼に合わせてくれないと困ります。この可能性を私が感じたのは、彼の、おパンツに対する執着にはすごいものがあるからです。そして、彼の側が問いを発します。これって逆ではないでしょうか……。

つまり、相談者は「私のパンツの色を当ててくれ」などとは、一言もいっていません。そういう問いを発してはいません。だってそうでしょう。自分のパンツの色を当ててほしいなどという相談者がどこにいるでしょうか？　自分のパンツの色くらい、自分でわかります。

つまり、フェチともいえる彼の問いが、相談者の身につけるパンツの色に影響を与えたのではないか、というのが私の仮説です。

19　占い師の「スパンの長い問い」が、あるべき現実を変える

スパロウ船長と別れてホテルに入りました。シャワーを浴びたあと、パンツも替えまし

た。その夕食の席で、史さんがいいました。

「今、森田さんがはいているパンツの色は、赤ですね」

「ブッブ～、私が今はいているのは青です。だって以前、史さんが青いパンツをはけといったじゃないですか。だから青しか持ってきていません」

「そ……そうでした。今回は外したぁ」

といって取り出したのは、方位磁石でした。

史さんは私が南に座っているから、赤いパンツだと判断したのです。これはスパロウ船長の秘伝でしたが、史さんは外したのです。なぜ史さんは外したのでしょうか……。私が前項で「フェチな問い」に注目したのは、史さんが外したからでもあります。

史さんは面相から、住んでいる階まで当てる男です。今のところ、面相では敵なしです。史さんは、スパロウ船長からパンツの色の当て方を聞きました。ですが、一夜漬けです。問いが甘かったと、私は考えたのです。

さっきも書いたように、私は中国には青のパンツしか持ってきませんでした。青は卯の五行です。方向とすれば東です。

スパロウ船長の部屋で、私はソファーに腰をかけていました。船長が占いを始めたので、なんとなく彼の前に移動しました。しかし、私がソファーの奥に座ったままなら「森田さんのパンツは赤ですね」といわれるところでした。

ところで、スパロウ船長の問いが発せられたのは、私たちが来る前だと思います。船長は毎回、必ずおパンツ当てをするからです。その問いが、私たちの動きを変えたのではないでしょうか？

次は、史さんのケースを考えてみます。

私は相変わらず、青いパンツをはいています。そしてレストランの席に座り、オーダーもすませました。史さんは「さて……」という感じで私を見ました。

彼の問いが発せられたのは、この瞬間だと思います。でも、問いが発せられる前に、私は座っていました。位置によって判断するやり方は、事前に問いが発せられていないとダメなのではないでしょうか？

スパロウ船長の問いは、スパン（期間）の長い問いです。だって、いつもパンツの色を考えているからです。それは私の座る位置を変えさせました。つまり、いつも何かを問いつづけている人の前だと、その人のまわりで起こることは、問いの結果となりうるのです。つまり、もともとあるべき現実を変えてしまうのです。

しかし、スパンの短い問いではダメです。一夜漬けの問いを持ったところで、現実はすでにフィックス（固定）されているからです。

20 日本と違って、中国のおみくじはなぜ当たる？

日本で何度か「おみくじ」を引いたことがありますが、2回に1回は凶、もしくは大凶でした。でも、その年はよいことばかり起こりました。なので、日本のおみくじは信用していません。けれども、

「おみくじなんて、そんなものです。遊びでやるものです」

という声が聞こえてきそうです。ところが、中国のおみくじは違うのです。

河南省に住む盲目の占い師のところで、おみくじを引くようにいわれました。

50本以上あるなかから1本引くと、私にはわからない文字が書いてありました。それを見ながら、彼はいいました。

「兄弟は2人です。知識がいっぱいあり、本を書いて生活します。商売より本を書くほうが楽しいです。世界をあちこち回りながら、おいしいものを食べていきます。作家になったので53歳前より倍はよくなってきました」

「よい人生かどうかは別として、過去と現在は当たっています」

もう1本引けというので、引きました。

盲目の占い師と

青海省の山頂でおみくじを引く

「仙人についての本を書いたことがあります」

「当たっています。『ハンドルを手放せ』（講談社刊）という本がそれです」

もう1本引かされました。

「娘さんは今大学に行っています。男性と同じような仕事をします。高い学歴を得ます。それは大学以上です」

この本を書いている今、娘は大学院に行くことが決まりました。また、あるとき、青海省の山の頂上に行くと、道教のお寺がありました。そこの女性の導師がおみくじを引けといいました。引くと棒に「111」と書いてありました。すると、彼女は墨で書かれたアンチョコを取り出し、ページをめくって「111」のところを読み上げました。

「以前、お金はなかったです。自分で事業を興しました。昔はあまりよくなかったですが、災いは過ぎました。三国志の劉備と同じように国をつくります。生まれつき知識が多く、文章が優れています。金運はとてもよいです。協力してくれる人がいます。人生は自分で考えてやることですが、うまくいくかは天の力です。運命におまかせです」

過去と現在のことは当たっています。

日本のおみくじとの差は何でしょうか？

パンツ占いに似ていると思いませんか？

場を制する人間がそこにいれば、おみくじのような単純なものでも当たってしまうのではないかと思います。問いの強さは、パンツだけに限らないということです。

21 警察からも協力を要請される「金口訣《きんくけつ》」占いの第一人者

中国で、孫子の兵法についての本を何冊も出しているという大家に会いました。

「孫子の兵法のいちばん大事な点を一言《ひとこと》でいうと、何ですか？」

「戦わずして勝つということです」

「戦わないで勝つために、いちばん大事なことは何ですか？」

「孫子の兵法は、大きく分けて2つあります。陽兵法と陰兵法です。陽兵法はまず考えるということ、相手とコミュニケーションするということ、すぐに武力に訴えるのではなく威嚇《いかく》するということ、最後に戦うときは相手の中心部を一気に攻めるということです。陰兵法は、これとはまったく異なります」

「勝つ者はいつか負けます。勝ちつづける秘訣はありますか？」

「一度勝ったやり方を次に使わないことです」

「陰兵法とは何ですか？」

「陰兵法は時空を利用する方法です。易を使って未然に戦いを回避する方法です。これらは書物には残っていません。口述のみで伝えられ、中国でも知っている人はほとんどいないと思います」

その翌年、陰兵法の第一人者に会えました。その占いを金口訣といいます。占いに来る人が相談事を何もいわなくても、その相談事項を高い確率で判断できるそうです。

彼は今、警察から協力を要請されています。刑事事件、盗難事件、殺人事件などを占いで解決しています。また、企業の顧問もしています。

初めて会ってから1年が経過したとき、彼からテキストが送られてきました。

テキストは、いきなり窃盗事件から始まりました。レストランでお金の入った鞄が盗まれたのです。

彼はなんと、残された皿の数から犯人を割り出しました。犯人は同じレストランにいた白い服を着たお客だと判断しました。逃げたのは東北の方向だということもわかりました。

彼は次のように書いています。

「被害者と友達のひとり（警官）と店主はすぐに東北方向へ車で向かいました。私たちはレストランに残って知らせを待ちました。

時間はすでに9時になろうとしていました。……20分後、電話のベルが鳴り響き、被害

孫子の兵法を伝承する「金口訣」の占師

者の歓喜の声が聞こえてきました。犯人は捕まり、鞄も取り返したのです。

東北方向の建築現場付近で、白いスーツの男がタクシーを止めていたところを発見し、犯人を捕まえたのです。

この事件により、友人（警官）は二等功績を得ました。おかしかったことは、私たちがわざと罠を仕掛けたと、犯人がいまだに思っていることです」

戦わずして勝つというのは、こういうことです。敵（犯人）の動きがすべてわかれば、先手を打つことが可能だからです。

金口訣の特徴は3つあります。

1　ピンポイントに占えること

窃盗事件から一生運まで何でも占えます。

2　ギャンブルに強いこと

株でも先物取引でも、ギャンブル占いでは右に出るモノはないそうです。

3　そのとき何を見たか？

金口訣はその瞬間に見たものがキーです。

窃盗の事例では、残された皿の枚数からあっという間に判断を下しました。

何を見てもよいそうです。そういわれると、どうしてよいかわからないというのが人間というものです。

しかし彼にいわせると、自分の周囲にあるあらゆる物はすべて、問いに対する答えを内在しているのだそうです。

そしてどの「物」に着目したとしても、そこには人生についての多くの情報が入っているのです。

このことからいえるのは、私たちの身のまわりは、問いへの答えでいっぱいだということです。

22　骨を触って人生のすべてを見透す老占術師

今70歳の彼は、とても変わった占いをやりました。相手の体の骨を触って人生を占うの

骨から人生が見える

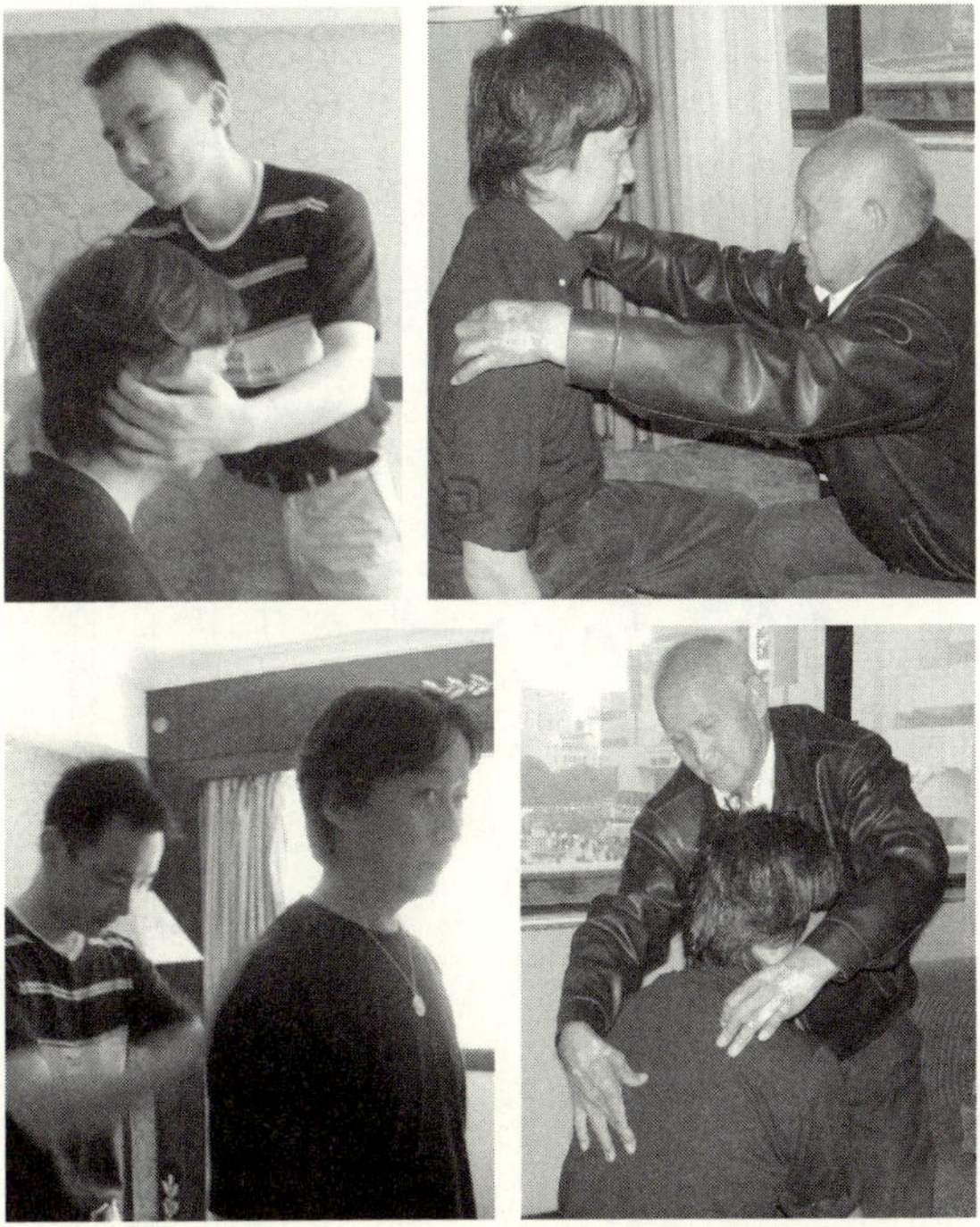

です。私の骨格を触りながら判断を始めました。

「骨の種類にはいくつかあります。男性は竜骨がいちばんよく、女性では鳳凰骨がよいです。森田さんは竜骨です。胸の骨と乳首の関係を見ると、自分だけではなく子供もよい運をもっています。知識をもって、文化に関係する事業をつくる人です。事業に関心を寄せて事業運が強いです。夫婦仲はよいです。奥さんとあまり喧嘩しません。運命には子供は2人でしたが、ひとりは生きられません」

「当たっています。子供をひとり流産しました」

彼は続けました。

「小指が薬指の第一関節より長ければ、もっとよい運でした。なので官職はないですが、金運はよいです。鼻軟骨翼が少し小さいので重要なポストのイスがないということです。管理職としての重要なポストには就けません」

「管理職なんて興味ありません。小指が短くてよかったです」

「兄弟は3人を超えることはありません。超えたら、その人は生きられません」

「すごく当たっています。私の次にできた子は流産だったそうです」

私は聞きました。

「骨から人生が見えるのですか？」

「はい、骨から、その人の一生涯を見ることができます」

「痩せてても、太ってても同じですか？」

「重要なのは骨の形なので、太っているかどうかは関係ないです」

「先ほど、胸の骨と乳首の位置を見ていましたが……」

「乳房から真ん中まで、10センチくらいがちょうどよいのです」

「背骨は？」

「細くて柔らかく、隙間があるのはよい運です。大きく隙間がないのは悪い運命です。骨は生まれたときから決まっています。なので人生の幸、不幸は生まれたときから決まっています」

たしかに骨を変えるということは難しい。だから運命を変えるのは難しいのです。

骨で一生の運がわかるということは、運命の切り口はどこにでもあるということです。

骨の形で金運がわかるとすれば、努力とはいったい何なのでしょう？

体じゅうを触ったりするので、この人の占いは女性向けではありませんが。

23 霊山の霊猫を指導霊にしての運命改善占い

揚子江の北にある村に、3日がかりでたどり着きました。

山間部に入ると1軒の納屋がありました。納屋のなかには女性が毛布をかけて座っていました。指導霊が取り憑くのだそうです。

紹介者によれば、運命改善方法に関してとても詳しく、的確だといいます。さらに能力者は、相談者がどんな遠いところから来ても、その家の状況をこと細かに描写するのだそうです。

紹介者が立ち会ったなかでは、外した事例はひとつもないということでした。ちなみに紹介者はこの村の村長さんでした。ひとつの「村おこし」かもしれません。

私が入っていくと、前の人が占ってもらっているところでした。

「あなたのまわりの家はみんな井戸を使っていますが、あなたの家では水道を使っています。田舎なのに水道を使うなんて珍しいですね……」

「はい、村では私の家だけ水道です」

「ご主人は仕事で高いところへ毎日行きますが、28日は高いところへ行くのをやめさせて

霊能者がいる納屋

ください」

「私の主人は大工なので、毎日高いところに行っています」

このあとも続きました。しゃべっているあいだ、彼女は目をつむったままです。

相談者が「ありがとうございました」といった瞬間、私が割りこみました。

「しゃべっているあなたは、誰ですか？」

「猫です。私のことを聞かれたのは初めてです」

「名前はありますか？」

「ラオラオといいます」

「いつもはどこに住んでいるのですか？」

「麗山です」

「歳はいくつですか？」

「1019歳です。彼女の肉体がもう限界です。戻ります」

彼女はブルッと体を震わせると、目を開けて、元に戻りました。

元に戻った彼女に聞きました。

「指導霊は、自分は猫だといっていました。もう少し詳しく教えてください」

「猫は今、あなたの家に行きました。帰ってくるまでのあいだなら、しゃべれます。猫の正式な名前は麗山老姥（レイシャン・ラオラオと発音し、霊山に住む老婦人という意味です）といいます。私は52歳ですが、そのネコは1019歳です。私が18歳のとき、この指導霊（猫）が来たのです。私には見えますが、他の人には見えないようです。体長は1メートル以上あります。毎晩深夜0時に私の家に来て、休憩するようになりました。でも、ちょっと怖い感じもあります。いったことに従わないと怒ったりするからです。グーグーいびきをかいて寝たりもします。追い出そうと思いましたが、離れなかったのです。普段はここから南の江西省にある山で修練をしているそうです。そこには寺があり、その寺に住んでいるのだそうです。そこは人が行くには険しい山です。私は指導霊が来ないとまったく判断できません」

ラオラオと呼ばれる猫は体長1メートル以上ということですが、わが家の飼い犬リボンが70センチほどなので、それよりも大きいです。座れば人間と同じくらいの座高ではないですか。猫は水道があることを当てていました。中国の田舎では水道は珍しいです。普通は情景描写をここまで詳しくやらないでしょう。過去や未来のことならば適当にごまかせても、今の家の状況はヤバイです。1カ所間違えればアウトです。

猫は、描写からすればトトロを思わせます。なので、私は「中国トトロ」というあだ名をつけました。

24 私(森田)の運をさらによくする改善策とは?

中国トトロについての話をしながら3分ほど経ったときです。彼女は体をブルッと震わせると、目をつむり速いスピードでしゃべりはじめました。

「森田さんが住んでいる家は、ビルではないですね。一戸建ての綺麗な家です」

「そうです。一戸建てです」

「家の前には広いテラスがありますね。そこには大きな白い円形の鉢に入れられた植木がありますす」

「はい、敷地の三分の一ほどをテラスに使いました。大きな白い鉢の植木もあります」

「ベッドは3つあります」

「はい、そのとおりです。3人家族ですので……」

「よい家です。この家なら簡単にお金が入ってきます。理由をいいます。家には観音様があります。最近置きましたね。北側にある森田さんの机の前の棚にあります」

「はい、夢に登場した観音菩薩をモチーフにして私が製作しました」

「この観音様には生命が宿っています。この観音様は、これを置いた人の家族を守ってくれます」

「そうですか……」

「龍の絵が見えます。これも運命をよい方向に変えています」

「風水絵といって運命を改善するための絵です」

「龍の絵の向こうに八卦の模様のついた鏡が見えます。これで簡単にお金が儲けられます」

「太極八卦鏡というものです。中国からの情報でつくったものです」

「運を変えるのは簡単なことではありませんが、みんなよくできています。北西に井戸がありますが、それもよいです」

「私が依頼して掘ったものです」

「いろいろな要素が組み合わさって、豊かな生活を提供してくれる家です。次は森田さんの人生全体を見てみます。さらによくする改善方法が出てくるかもしれません」

還暦の祝いをするな、という霊能力者と

そういうと、数秒の沈黙がありました。空間描写はこれで終わりなのです。

「27歳のときに自分で事業を興しました」

「はい、会社を辞めて自分で事業を始めました」

「女の子が生まれます。男の子は妊娠しましたが、流産しました」

「はい……」

「森田さんは本を書いていますね。これからもっとよく売れます。続けて書いてください。娘さんは日本の年齢で今20歳ですね」

「はい」

「大学生ですね」

「はい」

「森田さんの運をさらによくする改善策がわかりました」

「何でしょう？」

「本来60歳でやるお祝いを59歳のときにしてください。60歳の誕生日を祝わなければ、その時期を起点に、運はもっと上昇していきます。何か質問はありますか。もうすぐこの肉体は彼女に戻りますから……」

ぶるっと体を震わせると、元に戻りました。

ところで60歳の誕生日を祝うなというのは、どういうことでしょうか？

中国トトロは1000歳を超えています。際限もないほどの歳を重ねています。われわれとまったく違う時間の観念を持っているはずです。

四柱推命では60年を過ぎたところでサイクルが一巡します。日本でも還暦といいます。暦が戻ってしまうという意味です。

私の運は、人生の後半になってからよくなりつつあるようです。それをリセットしたくなければ60歳の誕生日は祝うな、ということかもしれません。

25 同じ時間に生まれた人は、同じ運命なのか？

西安では、本を何冊も書いている四柱推命の大家に会いました。

四柱推命の大家と

彼は、私の誕生日と時間を聞くと判断を始めました。最初の部分のみを書きます。

「運命には2種類あります。駕籠を担ぐ人と駕籠に乗る人です。森田さんは駕籠に乗る人で、身分の高い人になります。駕籠に乗る人も2種類に分かれます。官職をもつ人と、金持ちです。森田さんは金持ちで、官職を欲しません」

質疑応答に入り、私は聞きました。

「細かい部分もとてもよく当たっていました。そこで聞きたいことがあります。運命は決まっているのでしょうか？」

「運命には2つあります。命は生まれつきのものです。車と同じでいろいろな種類があります。運は道と同じです。後天的につくったもので、一部は改善できます」

「どうやって改善できるのですか?」

「ひとつは仏像を祀ること。もうひとつは何かの五行とか風水でです」

「仏像を祀るとよいのですか?」

「そうです。森田さんは水の五行なので、とくに観音様とかがよいです」

「つまり、水を強めればよいのですか?」

「はい、しかし多くなりすぎてもよくありません」

「同じ時間に生まれた人は、同じ運命ですか?」

「時間を十二支に直せば2時間ごとなので、たくさんの赤ん坊が生まれます。しかし、差が出るのです。明の時代に朱元璋という人がいました。彼は6歳のとき、ある占い師に占ってもらいました。すると、未来は皇帝になると出ました。そして本当に皇帝になり、その占い師は大臣に抜擢されました。次は、自分と同じ時間に生まれた人を探しはじめました」

「なぜ探すのですか?」

「同じ時間に生まれれば、その人も皇帝になるので自分が殺されると思ったからです。自分が殺される前にその人を殺すために探したのです」

「見つかったのですか?」

「はい、3年がかりで探したところ、ひとり見つかりました。でも、その人はハチ飼いになっていました。皇帝は広い土地と人を管理します。ハチ飼いはハチを管理しています。生き物を管理するという視点から見れば、ふたりは同じ運命です」

「それで皇帝はハチ飼いを殺したのですか？」

「殺しませんでした。ハチ飼いはハチ飼いで命式どおりに生きていて、皇帝になるなどという野望はなかったからです」

人を管理する皇帝と、ハチを管理するハチ飼いは、同じ命式で表現されるということです。このことを彼はこんな言葉でいいました。

「命式のよさを本当に表現できる人は、同じ時間に生まれた人のなかで、ひとりか2人しかいません」

ところで朱元璋という人は、なぜ皇帝になれたのでしょうか？　たぶん占い師からそういわれたからだと思います。反対にハチ飼いがそういわれていれば、立場は逆転したかもしれません。ほんのささいなこと(占ってもらったこと)で人生が大きく変わるのです。

でも、皇帝とハチ飼いの人生を「幸せ」という視点からみれば、どうでしょうか？

朱元璋は自分に反対する側近を殺し、一生涯に数万人を処刑しています。常に恐々とした心理状態だったと思います。それにくらべれば、ハチ飼いのほうが安定した幸せな生活を送ったのではないでしょうか……。

PART3

「時空超越」を探る不思議な旅

26 中国の奥地に実在する「生まれ変わりの村」の謎

標高2000メートルに、その村はありました。前世を記憶している人が大変に多いのです。前世だけではなく、あの世のことも覚えています。その原因は村の言い伝えにありました。それは、

「あの世には前世を忘れさせるスープがある。それを飲まないほうがいい」

というものです。私は100人ほどインタビューしましたが、生まれ変わった人はみんな、前世と同じ「私」という感覚をもっていました。死は終わりではなかったのです。そして、あの世にはたしかに「スープ」があったといいました。

この村では人間関係も複雑です。前世の関係と今世の関係が交錯するからです。生まれ変わってから、前の子供を探しに行く人は多いです。でも子供はすでに成人し、自分はまだ小学生だというケースが多く、うまく受け入れてもらえません。

しかし、前世の家に行くことを禁じる親も多いのです。なぜなら、子供を「自分だけの子供」として考えたいからです。

前世の恋人に再会する人もいますが、性が変わっているとすれば、男女として愛し合う

標高2000メートルの「生まれ変わりの村」で

ことはできません。

前世の記憶をもつというのは、もちろんメリットだってあります。前世で勉強したことがそのまま使えるからです。だから前世と同じ職業に就く人が多いのです。

前世が女性で、今度は男に生まれ変わった人は、裁縫やお料理が得意というケースが多いです。

あの世についての情報もたくさん集まりました。ほとんどこの世と同じだそうです。驚いたことに、貨幣まで流通しています。しかし太陽はなく、水に入っても濡れないそうです。あの世に行かないで生まれ変わった人は半分います。けれど、今世ではみんな幸せに暮らしています。

成仏するということが「あの世に行く」と

いうことならば、まったく関係ないようです。たとえば、病院の集中治療室で死んだのち、肉体を抜け出した魂は産婦人科に行き、そこで出産中の妊婦のお腹に飛びこんでしまった人もいます。

魂が入るのは精子と卵子が合体したときではなく、胎児が産道を通っている瞬間なのです。入るべき魂は、外で待機している状態なのです。

因果応報（カルマ）の有無についての情報も集まりました。

麻薬の密売をしていた人がいました。彼はお金がたくさんあるので、奥さんがいるにもかかわらず、女を取っかえ引っかえ遊んでいました。しかし、ある日、公安に捕まり、銃殺刑になります。

その後、女性に生まれ変わりますが、今は幸せに暮らしています。前世の行ないが、来世に影響するというのはなさそうなのです。

自殺で死んだ人を6人取材しました。生まれ変わって、みんな幸せに暮らしています。あの世でも、自殺を責められるようなことはなかったそうです。

これらのデータから考えると、神のような存在に前世の行ないを評価されているわけではなさそうです。

では一体、私たちは何のために存在しているのでしょうか？

27 生まれ変わりの村には奇怪な霊現象も多い

前出のトラさんの故郷は、生まれ変わりの村です。そこは前項で紹介したとおり、前世記憶をもった人が多いです。

でも、それだけではありません。奇怪な霊現象も多いのです。トラさんが小さいとき、お母さんが2年間、憑依《ひょうい》されたことがあったそうです。

ある男性の霊がお母さんの体に憑依してしまい、声まで男性のものに変わってしまったそうです。

食事は普通にとるそうですが、もともとの人間関係は全然わからなくなってしまったといいます。友達とか、隣の人とか、自分の子供とか旦那さんとか、そういう対人関係の記憶がまったくなくなってしまったのです。

つまり、お母さんは、トラさんが自分の子供だということまでわからなくなってしまったのです。でも、言葉はちゃんとしゃべります。「自分は陝西省の人間で……」とか、男性の声に変わって語るのです。これが2年間続いたのちに、自動的に治ったそうです。

それから親戚でも奇怪なことがありました。トラさんの伯母さんと伯父さんはあまり仲

トラさんと生まれ変わりの村人と

がよくなくて、よく口喧嘩をしていました。

ある日、鎌を持って畑へ行きました。そこで口喧嘩をして、伯父さんがうっかり鎌で伯母さんに怪我をさせてしまいました。血がたくさん出て、急いで病院へ運びました。

でも、傷が深くて、病院まで運んでいく途中で死んでしまったのです。死ねば埋葬することになりますが、中国では土葬です。

死んでから3年ぐらい経ったころ、トラさんは伯母さんが幽霊みたいになって出てくる夢をよく見るようになりました。トラさんを追いかけてくる。ものすごい形相で追いかけてくる。トラさんは一生懸命逃げる。そういう夢を毎日見たそうです。

トラさんは怖くてお父さんにいいました。すると、家族のみんなが同じ夢を見ていることがわかりました。

そのうち、伯父さんやその他の親戚も、みんな同じ夢を見ていることがわかったのです。

普通中国では、そういう場合、墓の風水がよくないのだろうということになります。

そこで伯父さんは風水師に相談して、一緒に墓を見に行きました。すると、その墓のところにちょっと穴があり、水が流れこんでいったような形跡がありました。

その下には土葬してある木棺が見えます。穴から雨水が入れば、死体は腐ってしまうはずです。でも、掘り返してみたら、生きていたときと同じだったそうです。

風水師は刀で死体を切りました。すると血までちゃんと流れました。普通は死んで3年も経ったら血は出ないでしょう。でも、ちゃんと血が流れたのです。

その風水師の話によれば、もしそのままもう1年たったら本当の人間に変わって、人間を喰うようになるそうです。

その地方ではこれを「墓虎《はかとら》」というらしいです。

こんな不思議な地域に、トラさんは育ったのです。

28 いくら飲んでもトックリからお酒が湧き出るタダ酒おばさん

内モンゴルを旅していたときです。ちょっと変わったことができるという噂の女性のところに連れて行ってもらいました。ところが案内人も、めざす人が何ができるかを知りませんでした。

家に入ると正面に神棚のようなものがあり、ウサギのぬいぐるみがちょこんと載っていました。

部屋のなかには40代ぐらいの女性がいて、

「お酒でも飲んでいかないか」

といって、トックリと杯を持ってきました。

「昼間からお酒は飲みません」

というと、

「だって私の変わった能力を見に来たんじゃないの？」

といいます。

昼間から酒を飲んでも、とくに変わっているとは思えませんが、付き合うことにしました。

いくら飲んでもお酒が溢れるトックリ

不思議なタダ酒おばさんと

彼女は「まあまあ飲んで」といいながら、なみなみとお酒を注ぎました。私はチビチビ飲みました。それはアルコール度数の強い、中国のお酒でした。彼女は自分の杯に注ぎました。次は案内人の杯に注ぎました。トックリのなかにはお酒はほとんどなくなりました。

その瞬間です。置いたトックリに酒が満ちたのです。つまり減った分が自動的に補充されたのです。

私はトックリを取り上げて調べました。別に何の変哲もない陶磁器のトックリです。いっぱいになったトックリから再び私の杯に注ぎ、飲んでみました。最初に飲んだときと同じ、強い中国のお酒です。

瀬戸物のトックリだと内部が見えないので、透明なビンに替えてやってもらいました。するとどうでしょうか、みんなの見ている前で、ビンのなかに酒が増えていき、ビンの口から溢れそうになったのです。溢れる直前でピタリと止まりました。

私は聞きました。

「お酒が自動的に出てくるようになったのは、どうしてですか?」

「ある日、ウサギの夢を見たのです。翌日、ウサギのぬいぐるみを飾ったら、この現象が起こりはじめました」

「お酒には何かの効力がありますか？」

「このお酒に別に何かの効力とか意味があるわけではなさそうなのです。でも、このお酒を飲みながら病人と話していると、自然に相手の病気が治ってしまうのです」

「重病人でも治りますか？」

「いえ、お酒が自動的に出てくるようになったとき　同時に体外離脱もできるようになりました。あの世に行って、その病人の寿命を調べてきます。もう寿命なら、何もしません。帰ってもらいます。寿命がもっと先なら、ここでお酒を飲みながら話します」

「私の寿命はどうですか？」

「心配ないです。まだまだ先です。しかも、あなたは病人ではありません。お酒を飲んだら、単に酔うだけです」

外に出ると、内モンゴルの草原が広がっていました。私は千鳥足で車に乗りこみました。

29 口から光線を吐いて病人を治す「光の超能力者」

ハルピンでは、口から光線を吐く女性に会いました。

彼女は病気の人が前にいると、その人のことを治したくなって口から光を放つというのです。私に同行していた70歳をすぎている友達が被験者になりました。

彼女は彼の背中に向かいました。

まず、彼女は自分の丹田（ヘソのあたり）にエネルギーを感じるといいます。そのエネルギーは中丹田（胸の部分）を通って、しだいに上に上がります。まっすぐではなく、蛇のように蛇行しながら上がるといいます。上がっていくときにレントゲン写真を撮ると、エネルギー体が写るといいました。そして最後は口のところにたどり着き、発光するのだそうです。

部屋は暗くして実験が行なわれました。彼女の口から赤い光が発せられました。ドラゴンが放つような、まばゆい光ではありません。最初は蛍の光のようでした。ポッポッという感じでつきました。

そのうち、かなり強い閃光が何度か発せられました。色はすべて真っ赤です。赤いレーザー光線のような感じです。丹田のエネルギーが、光となって口から発射されたのです。その光は、病気の人の患部に向けられています。

これは、目で見る超能力のなかでは、トップクラスに入るのではないでしょうか。手をかざしてエネルギーを与える人はいますが、彼女の場合は、口からダイレクトに閃光を発しているからです。

口から光線を吐く「光の超能力者」

彼女の集中度によって光の強さが変わるようです。光が止まると、彼女は呼吸を整えて、また集中します。すると、また発光します。中国の活劇などでは、女性の妖怪が口から光を発したりします。

しかし実際に目《ま》のあたりにすると、それも40代そこそこの女性の口から真っ赤な光が出たりすると、妖艶な感じがします。それも、お口をいっぱいに開いてするのではなく、半開きの状態なのです。おまけに彼女は少しトランス状態で、イッています。

光が止まると、けなげに集中を始めます。すると、微弱な光からまた強い光に変わります。私は彼女を「光の超能力者」と名づけました。

ところで、彼女のこの能力は天性のもので

した。彼女は生まれたときから前歯がはえた状態だったそうです。光は、その前歯と前歯のあいだから出ているのです。

青い光も赤い光も紫の光も出すことができます。私は彼女に聞きました。

「色の変化はどうやってコントロールするのですか」

「赤い光は、心臓を少し上にもっていくような感じにすると出ます。青い光は、丹田のほうから力を入れて、胸に隙間をつくり、そこを通路として出します。紫の光は、とくに死にかかっている人に対して出します。胸で少し呼吸してその通路から出します。このように、光は自分の意識で変えて出すことができます」

「光を出すとき自分の口は熱くないのですか」

「冷たいです。氷をなめたように冷たくなります。でも、光を受けた人が、たとえば癌とかの重い病気の人の場合は、とても熱く感じるそうです」

「初めて光が出たのは何歳ですか」

「6歳のときです。お姉さんと布団のなかで遊んでいて喧嘩をしたときです。怒ったら口から赤い光が出ました。以来、『状態』に入って深呼吸をすると、いつも光が出ます」

自分でも、なぜこんなことができるのか、さっぱりわからないといいます。

30 テレポーテーションと運命変更のふたつの能力を併用

彼女の能力は、光を吐くことだけではありません。空中からモノを取り出すことができます。他の超能力者は、通常この超能力を手を閉じた状態で行ないます。ですから、もともと隠し持っていたのではないか、と疑われるケースが多いです。しかし、彼女の場合は、手を開いたまま行なうことができます。

私たちは昼食を食べにレストランに行きました。そこでまずやったことは、空中から薬を取り出すことでした。薬が数粒、手のひらの上に出現しました。それをしゃぶしゃぶのスープのなかに入れました。このしゃぶしゃぶを食べる人の健康によいのだそうです。

次に、皿の材料に向かって口から光線を放ちました。何の光線かというと、これを食べる人の金運をよくする光線だそうです。

健康運と金運がよくなるといわれて、そこにいた全員がしゃぶしゃぶに向かって競うように箸を入れたのは、いうまでもありません。

次に彼女がサッと手を上げると、そこにはネックレスが……。

「これ、プレゼントよ～」

といって、私にくれました。

ヒスイのペンダントヘッドを出したときは、こんなことをいいました。

「あ、商品の説明のようなものが見えるわ……ヒスイと書いてあります」

つまり、宝石店から盗んでくるのです。

宝石を取ってくる前には、必ず遠く離れた宝石店の店内の状況が映るそうです。そのなかでビビッとくるものを、盗んでくるのです。テレポーテーションで……。これでは完全犯罪ですね。

しかし盗んできた店は、その後、とても繁盛するのです。なぜなら、彼女の左目は、未来が見えてしまうので、盗んだあと、繁盛しない店からは盗まないのです。しかも盗んだものは、自分のものにはしないのです。その場に居合わせた人に与えてしまいます。

以前は、テレポーテーションしたとき、こちらからお金をテレポーテーションして払ったといいます。しかし、盗むことによってその店がもっと儲かるようになるとわかったとき、払う必要はないと思ったそうです。

つまり、彼女はテレポーテーションという能力と、運命変更という能力の、両方を使っているのです。

彼女は今、結婚して郊外に住んでいます。定職がないのでお金には苦労します。でも、

宝石店からモノをテレポーテーション

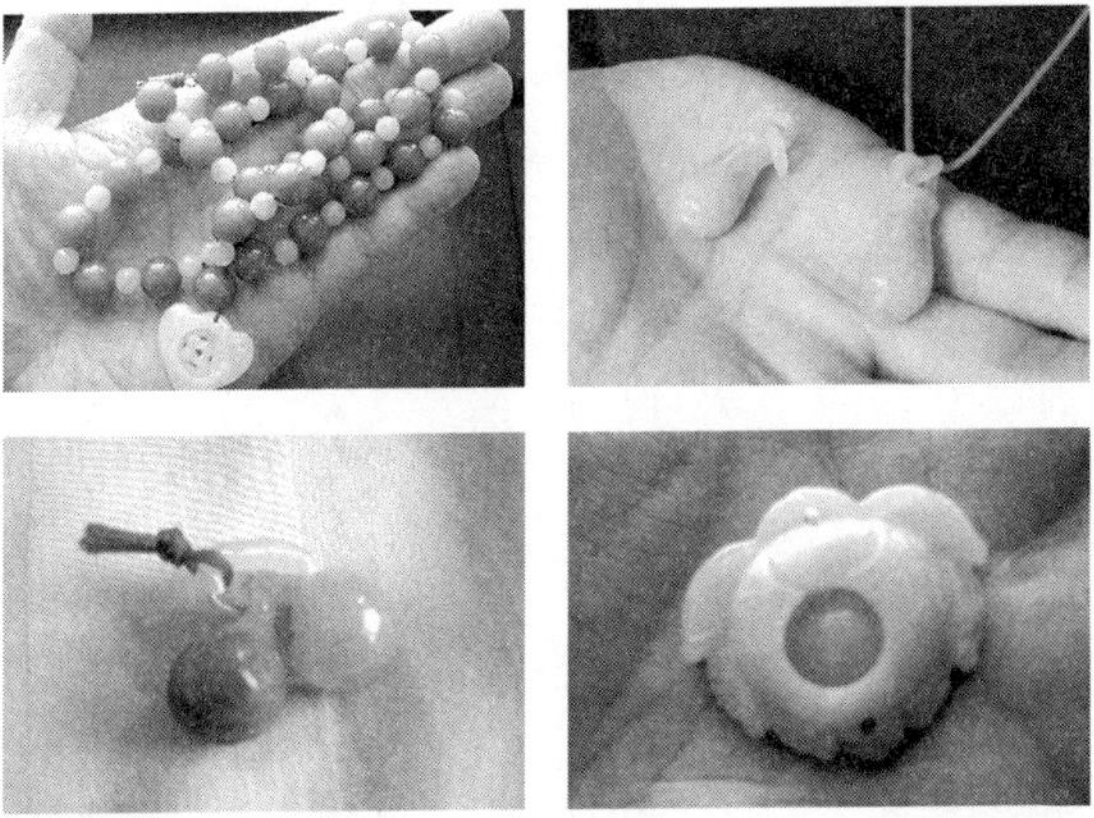

テレポーテーションをする超能力者

彼女の能力は近所では有名です。

彼女は黙って宝石店からモノをガメてきますが、逆に近所の人を無料で治療します。アパートの大家さんには大病がありましたが、それを治してあげたそうです。そのお礼に、彼女の部屋は無料だそうです。

31 体外離脱して、あの世から「命の玉」を買ってきた!?

不治の病にかかった子供をもつ母親が相談に来ました。私の親友であるトラさん（後述）に占ってもらうためです。トラさんはいいました。

「助かる方法は、あの世のアイテムを手に入れることです」

それを聞いて、光の超能力者がいいました。

「では私が行ってきます」

私は聞きました。

「どこへ？」

「あの世へです」

光の超能力者は、母親に相当なお金を用意させていました。それを見て、私は思いまし

あの世から「買ってきた」命の玉

た。

「タダで治療しているなんて、嘘じゃないか……。しかも前金で払わせるとは……」

その金をわしづかみにすると、彼女は体脱をして、時空の彼方に旅立ちました。

そして……時空の彼方より帰還した彼女の手からは、大金が消えていました。そのかわり、真っ白な玉が握られていました。

「それは何ですか？」

「命の玉です」

それを聞いた母親は、合掌のポーズを取り、涙を流しはじめました。

「この命の玉をお子さんが寝ている枕の下に入れてください。白血病は治ります」

こんなことがあってもよいのでしょうか……。

私は命の玉を手に取ってみました。それはゴルフボールのような重さで、表面には模様までありました。しかし、ゴルフボールと違うのは、この玉を手に取るだけで、ものすごいエネルギーを感じるのです。

異次元を描いたアニメでも、ここまでのストーリーはつくらないでしょう……。

彼女が体脱先から持ち帰ったもの、それはなんと「命の玉」だったのです。

しかも買ってきたのです。

みなさん……私たちの価値観からいえば逆ではないでしょうか？　三次元の世界のものを盗んでよいわけはありません。そして、「命は金では買えない」というのは、よく聞くセリフです。しかし命を金で買い、宝石店からは盗んでくる彼女……。

私は聞きました。

「命の玉の値段は決まっているのですか？」

「あの世には命の玉を保管している場所があります。死んだ人を再びこの世に送り出すために、その玉を使います。保管所にはたくさんの命の玉がありますが、玉の値段そのものは無料です」

「では、どうしてお金が必要だったのですか？」

「保管所には門が5つあり、それぞれに門番がいます。最初の門番とは仲よくなっていますのでタダで通してくれます。しかし、あとの4人がお金を要求してくるのです。つまり、あのお金は賄賂として渡します」

「命の玉は、どうやってもらうのですか?」

「目的をいって、もらってきます。でも、玉を使う人が死にそうな老人などのときは、渡してくれないことが多いです」

「何分くらいあれば、あの世の命の玉保管所に行って来られますか?」

「20分あれば充分です」

「ところで、あなたは光を吐いたりあの世に行ったりする能力がありますが、何か修練はしていますか」

「しています。でも心の修練です。座禅とかはしませんが、常に心楽しくうれしい状態にしています。悩みはやはりありますが、すぐに紛《まぎ》らわすことができます。常に楽しい状態にあることは、超能力でつながる世界でもよい領域に連れて行ってくれるようです。私は地獄だろうが何だろうが、まったく怖くありません。ところで、私自身は超能力の修練はしていませんが、修練をしている人で私のエネルギーに触れて、天目《てんもく》が開いてしまったという人が、たくさんいます」

「たとえば、あなたの姿が入ったペンダントとか、あなたのパワーが入ったCDとかを聞いて天目《てんもく》が開くということはないですか?」

「あります。修練をしている人に、私のパワーの入ったものをあげると、その人の能力が上がることが多いです」

それから数カ月後、子供の白血病が治ったという知らせが届いたそうです。

32 あの世で流通している貨幣をゲット!?

ある日、光の超能力者にいいました。

「私はあの世を研究しています。前回は命の玉を持ってきてもらいました。あの世には貨幣があると聞きます。もしもそれが実在し、入手できたら、それはすごい証拠になると思います」

彼女は少し考えてからいいました。

「あの世の物品はできるだけ持ってこないほうがよいです。自分の運が悪くなります。死んでしまうときもあります。ある人のおばあさんが亡くなったとき、おばあさんのゆかりの物を埋葬しました。それがあの世に飾ってあるかと体脱して確認しに行ったら、まだ飾ってありました。それを取ってきてほしいと頼まれたので、取ってきてその人の子供のと

体外離脱をして、あの世のお金をゲット

光の超能力者と

ころに飾ったら、3カ月後にその子は亡くなりました。だから、あの世の物は持ってきてはいけないのです。持ってきてよい物は『命の玉』だけです」

「私はあの世のコインそのものに興味があるのではなく、向こう側の世界全体に興味があります。あの世のコインは、その突破口になるかもしれません。あの世でもお金が流通しているとわかれば、世界観が変わります」

私は、あの世の貨幣が原因で金運や健康運が落ちても、かまわないと思っていました。

彼女は下を向いたまま、何もいいませんでした。

私はいいました。

「わかりました。あの世からお金を持ってきてもらう件は諦めます」

彼女の話は理屈に合っていました。

私は本当に諦めました。

私は帰り支度を始めました。

するると彼女はいったのです。

「まだ帰るな……」

気がつくと、彼女は椅子にあぐらをかき、瞑想で体脱するポーズに入っていたのです。

瞑想のポーズで微動だにしない彼女……。

私はカメラを取り出すと、シャッターを切りました。そういうことに影響されない彼女であることを知っていたからです。しかしフラッシュは焚きませんでした。体脱しているのなら、戻してしまう可能性があるからです。数分経ったときです。彼女の手にコインが出現していました。

「今、体脱して、あの世のコインを持ってきました。これから悪いエネルギーを取り去ります」

そういうと、ライターの炎でコインを焼きはじめました。

「ライターの炎では取りきれないわ。私のエネルギーで取り去りましょう」

こうして、私はあの世のお金を手に入れました。

33 9つの魂が宿った女性との不思議な会話

長春で会った女性は20歳でした。でも、もっと若く見えます。彼女は生まれつき脳に障害をもっています。

4歳まで歩けず、8歳で小学校に行き、3年生まで通いましたが、4年生のとき頭痛がしてきて学校に行かなくなり、6年で辞めました。

1996年に父親が病気になり、そのときある超能力者のところへ一緒に行きました。超能力者は、彼女にエネルギーを入れたリンゴを食べさせました。すると、彼女に9つの魂が宿ったといいます。8人までの人格は次のとおりです。

1・霊鳩（これはヒューマノイドですが、人種は不明です）
2・火星人
3・カッコウ
4・クジャク
5・にんじん王のおじいさん
6・にんじん王のおばあさん
7・にんじん王の坊や
8・木星人

9人めは忘れました。

カッコウだの、にんじん王だのといわれ、そのとき笑ったら、

「植物にだって、動物にだって、何にだって魂はあります。人間と同じに感情をもっています」

と怒られました。

9つの魂が宿った不思議な女性(中央)

それぞれの人格が出てくるときには、彼女は口を開けません。まるで腹話術のような感じでしゃべります。それぞれの人格にインタビューをしましたので、そのまま載せます。なにしろ、本人も含めて人格が複数存在するので、混乱しないように……。

本人は地球人の彼女という名前で出てきます。インタビューは意味不明なセンテンスもありますが、そのまま載せました。

「人格どうしがあなたの心のなかで、話したりしているのですか?」

「いろいろなことを相談しています。あなたが来る前、外国から新しい友達が来るかなアといっていました」

「日本に地震が多いのを知っていますか?」

「はい、知っています。今年から来年にかけて、まだ大きな地震が起こります。だいたい広島のあたりです」

「今しゃべっているあなたは、どこから来たのですか？」

「火星からです。木星からの人もいます。全部で9人います」

「木星から来た人と替わることもできますか？」

「オーケーです。私は木星人のカカです。火星人のお兄さん、もうひとりは鳥のカッコウ、孔雀、にんじん王のおじいさん、にんじん王のおばあさん、山東省から来て、地球の年齢では86歳。毎日、人のためにいろいろなことを推測しています。おじいさんのお供で山に薬を取りに行き、私の家に置いたのです」

ここで地球の彼女はいいました。

「たまにはおじいさんに頼んで病人の薬を取ってきてもらう。肉眼では見えないが、薬の匂いがする。坊やという人も9人のなかにいます。木星からの人。モクリョク、もうひとりはモクレキ」

「木星に住んでいたときには肉体をもっていたのですか？　それとも魂だけなのですか？」

「肉体はないです」

「もう死なないのですか？　つまり不老不死なのですか？」

「はい、私たちと地球人とは違います。不生不滅です。地球人は外国人として私たちの故郷にロケットを打ちこんで探査したことがあるじゃないですか。でも、私たちの存在は見つからなかったのです」

「肉体をもたないほうが便利でしょうか。つねって痛いと感じるのでしょうか?」

「そんなことはしないです。お互い喧嘩することはありますが、殴っても綿のような感覚で痛くありません」

「食べ物を食べて美味しいと感じるのはみんななのか、あなた(地球人)だけなのか?」

「地球人以外には美味しいという感覚(欲望)はないです」

「歌を歌えますか?」

「私が歌えます」(火星人)

――私の持ってきたCDの音に合わせて北国の春を日本語で歌う――

「上手に歌えなかったので恥ずかしいです」(火星人)

「上手です。日本語で歌ったのでびっくりしました。火星とか木星で、ずっと昔は肉体があったのですか?」

「もともとは肉体をもっていましたが、壊滅して、みんな魂になったんです」

「壊滅とは、どうして?」

「秘密なので教えられません。なぜかというと、肉体をもっていたときは地球人と比べると醜い顔をしていたから。地球人の美しい肉体とは全然違います」

ここで地球人の彼女が割りこみました。

「以前、火星人にいったことがあります。火星人は火星で生活しているべきでしょう。なぜ地球に来たのですか、と。すると、留学して勉強するのと同じですといわれました」

私は質問を続けます。

「霊が憑いているのとは違いますよね」

「にんじんとか、ひょうたんがよく子供の話のなかに生きているように描かれていますが、それは本当です。植物も魂をもっています」

この翌年、広島に大きな地震が起こったのでした。

ところで、火星の重力は地球の40％です。そこで育つとヒョロヒョロになると思います。逆に木星は地球の2・4倍あり、その強い重力に対抗するために足は太くなるはずです。顔のお肉もどんどん垂れてくるはずです。つまり、地球人が美しいのは地球の大きさがちょうどよかったからといえそうです。

あなた、地球に生まれてラッキーですね。

34 耳や胸で言葉をしゃべる人たちが実在！

耳でしゃべる女性に会いました。まったく口を閉じているのに、耳からカサコソと声が聞こえるのです。その声は隣の部屋でも聞くことができました。

声の主は、宇宙人（エネルギー体）だそうです。

私の会社は儲かるかと聞いたら、再来年はすごく儲かるといいました（二年後、会社の利益は10倍以上に増えたのです）。

この人には弟子もいました。弟子のひとりは胸でしゃべる女性です。胸には木星人が宿っているのだそうです。もうひとりの女性は、鼻に宿った金星人がしゃべるのです。

以前は、木星人だの金星人だのといわれても、まったく信用しませんでした。いや、口以外でしゃべる現象すら信じませんでした。どうせ腹話術だろうと思っていました。

しかし、現実は小説よりも奇なりです。目の前で耳から声が出ているのを聞いて、自分が固定概念にいかに縛られているかを思い知らされました。

太陽系のすべての惑星に、このような生命体（生命と呼べるかは疑問）がいるそうです。

私は、胸に木星人が宿っているといわれている女性に聞きました。

「どのようなきっかけで木星人が宿ったのですか？」

「あるとき胸が痛くなりました。原因はわかりませんでした。でも、この人（耳でしゃべる人）に出会ってわかりました。それは、宇宙の精霊が入りこんだためだったのです。胸の痛みが取れたとき、胸がしゃべりはじめました」

「胸に宿った木星人にインタビューしたいのですが……」

「では呼び出してみます。来ました。どうぞ」

「あなた（精霊）は何歳ですか？」

「人間の年でいうと8歳です」

おおおお、本当に胸が揺れて、声が出ました。乳首の先端から出ているような感じです。

胸に顔を近づけると、私は聞きました。

「宇宙の年では何歳ですか？」

「知りません、年というのは地球の公転の回数でしょ？　宇宙では通用しません」

「がーん。そうでした……。私も地球に囚《とら》われていました。精霊さん、さすがです」

「精霊というのも、人間の勝手ないいかたです」

「そうですか、でも、まるであなたは女王様みたいですね……女性ですか？」

「男です」

胸でしゃべる女性

耳でしゃべる女性

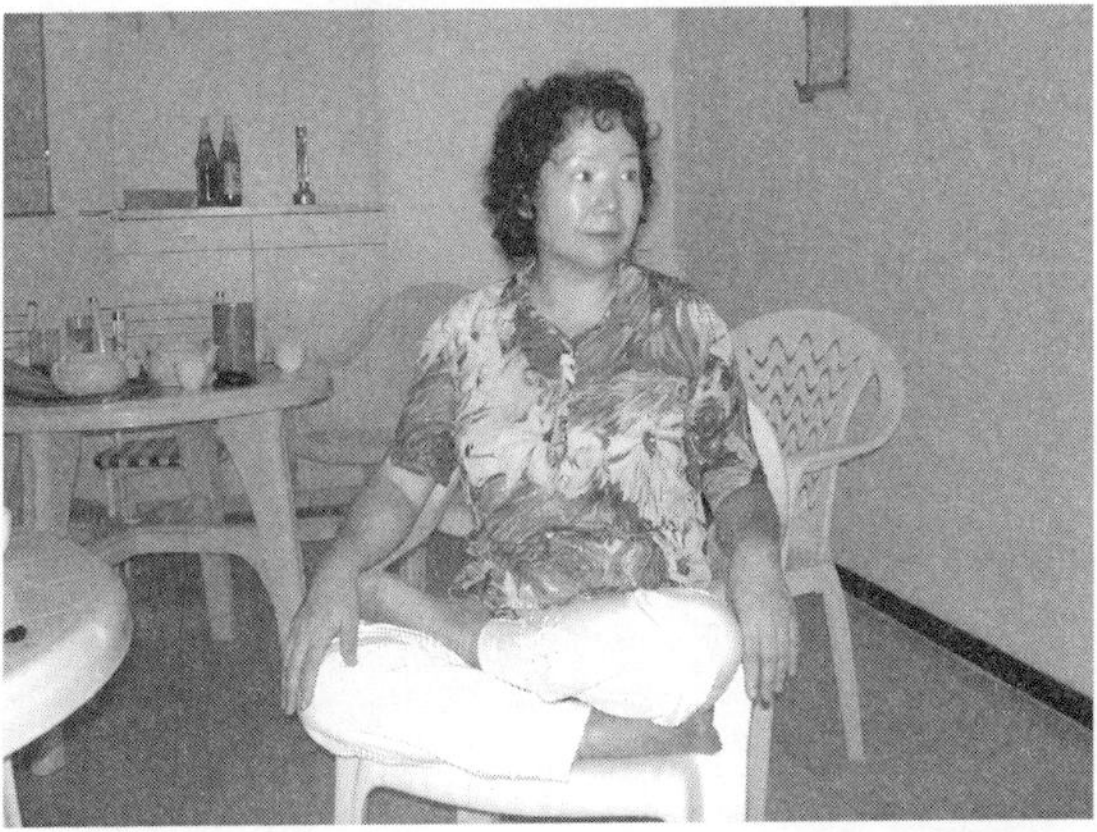

「えー、男なのに、女性の胸に宿ったのですか（エッチな奴め）」

「………」

「宇宙人のあなたに聞きたいです。運命は決まっているのですか？」

「そんな質問には答えられないです」

精霊さんは機嫌を損ねたのでしょうか。でも、私は質問を続けます。

「あなたが男だとすると、女性の精霊と恋に落ちることはあるのですか？」

「そんなのも、知らないです」

本体の女性がいいました。

「もうオシマイにしようといっています」

精霊に嫌われてしまいました。

ところで、男の精霊が宿っていることを知らずにこの女性と恋に落ちたとします。そして、女性の胸を愛撫しようとしたとき、胸から男の声がしたらビックリするでしょう。

35 奥深い山中で法術を修行している超能力者の真偽

山西省の山中には、法術を修行している人が何人もいるそうです。法術とは、中国の道

ただ机を回しただけ？

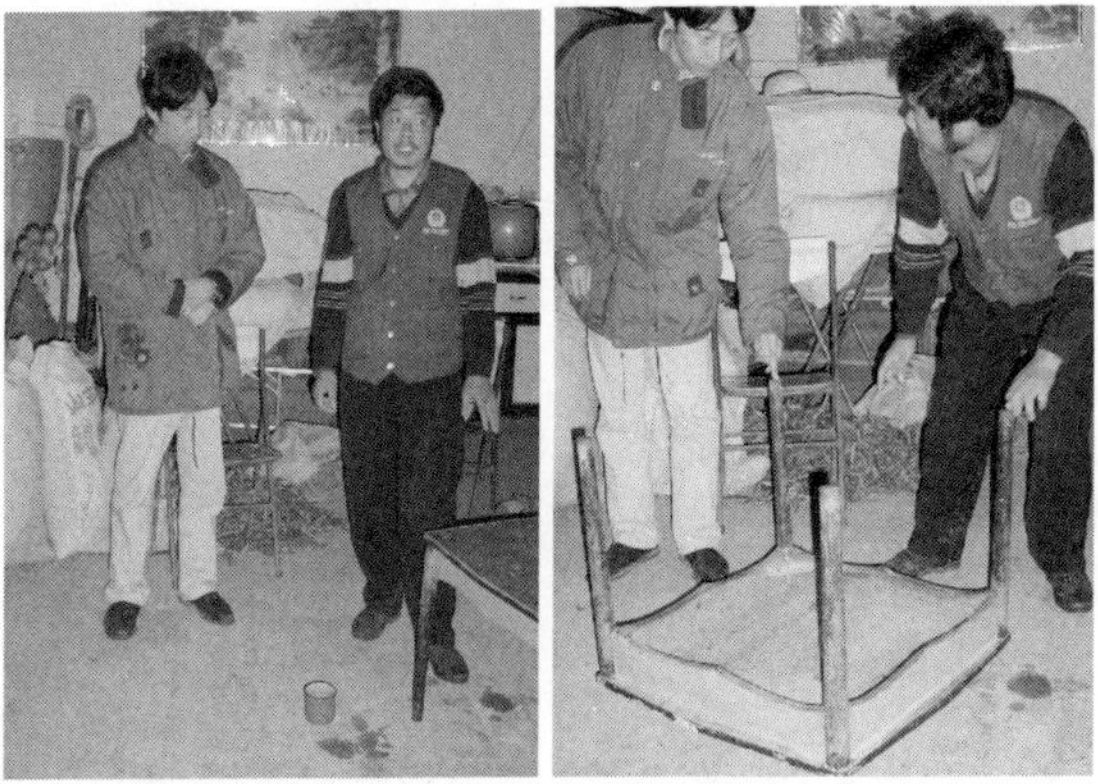

教系のドラマに出てくる妖術のような超能力のことです。そのうちのひとりに会うことができました。

なんと、机を回すことができるのだそうです。

机が回ってしまったら、すごいことです。

私たちは4輪駆動車をチャーターすると、往復4日の旅に出かけました。

その家は、本当に深い山のなかにありました。自分で木を切ってつくったような家です。道教系の修行者にピッタリの家でした。私は期待を膨らませて家に入りました。家のなかには修行者らしき人がいました。

彼はコップに水を入れて床に置きました。たぶん何かのおまじないなのでしょう。その横には真四角な机があり、いつ回りだすのかと私は凝視していました。

しかし彼は机をひっくり返し、そのコップの上に置きました。そして手を洗ってこい、とみんなにいいました。そこにいたのは私と案内人2人です。みんなが手を洗わされました。

法術の彼がいいました。

「みなさん、ひっくり返しになった机の脚に、それぞれ指を乗せてください。力を入れてはいけません」

このとき、指の組み方まで指導されました。そしておもむろにいいました。

「指を乗せたまま回ってください」

机は回りました。

それを見て、彼はいいました。

「ほーら、力を入れなくても自動的に回るでしょ」

しかしですねぇ、4人で、しかも法術の本人まで指を置いていれば、そりゃあ回転するでしょう。

私は一生懸命に阻止しようとしたのですが、それでも彼の回す力には勝てませんでした。

さて、夏ならもっとすごい法術を見せてくれるといいました。綺麗なお姉さんに「エイッ」とやるだけで、その女性は着ている服をすべて脱ぎ捨ててしまうというのです。

私は「どうかそれを伝授してください」と頼んだのですが、「男から男への伝授には3年かかる。男から女への伝授はすぐだ」といわれました。

往復4日の旅は成功だったのでしょうか、失敗だったのでしょうか。

36 遊女と遊んで仙人になったリトンビン

中国でリトンビンという人は、有名な人物（仙人）です。しかし彼は、リトンビンスリーピングという寝技を開発し、遊女と遊んで仙人になったといわれています。

山西省にはリトンビンの里というのがあると聞いたので行きました。山を越え谷を越え、辿り着いた先は断崖絶壁……ではありません。すでに緑も息づきはじめた肥沃な大地でした。繁華街がありました。その真ん中にリトンビンが生まれた場所がありました。

遊女通いをしたリトンビンは遊女を天女とさえ呼びました。遊女が断崖絶壁にいるわけはありません。

そこには素晴らしいことわざがありました。

「狗咬呂洞賓、不識好頼人」

狗とは犬のことです。

「リトンビンは犬に吠えられた。彼は良い人か悪い人かわからない」……という意味です。私はこのことわざに、リトンビンのすべてを見ることができ、このことわざを知ったことで、私は何か勇気づけられるものがありました。

親切をしたのに相手がそれを理解しないとき、不平をいうことがあります。あんなにやってあげたのに……と。そのとき、不平をいう人にこのことわざをいうのだそうです。

この地で生まれたリトンビンは有名になりました。老子は不在の人物だといわれていますので、実在の仙人としては彼が仙人一の有名人でしょう。その有名人は、きっとやりたい放題をやったのではないでしょうか。

しかし、世の中で素晴らしい「善」と考えられるようなことをやったとすれば、このことわざはなかったのではないでしょうか。

もう一度書きます。

「リトンビンは犬に吠えられた。彼は良い人か悪い人かわからない」

きっと犬に吠えられるようなことをしたのでしょう。

犬に吠えられるとは、ある意味では外から見た客観的な「悪」なのかもしれません。リトンビンは結婚して子供もいました。なのに遊女を天女とさえ呼びました。

リトンビンは善人？ 悪人？（中央がリトンビン）

好き勝手して犬に吠えられる……、しかしそれで彼の善悪を決めることはできない……。親切を理解しないと愚痴をこぼす人に、これをいうのです。理解しない相手の善悪をあなたは決められないと……。

リトンビンは犬にも好かれた……仙人の第一人者はこんなことをいわれてはならないのです。

肩に小鳥をとまらせ、秘境で動物たちに囲まれる仙人……本物の仙人はまったくその逆でした。歓楽街で遊女をはべらせ、酒を喰らい、鳥は逃げ、犬に吠えられる……。

そのリトンビンが有名になったので、地元の人が苦肉の策でつくったのが、あのことわざなのではないでしょうか。

ちなみに、リトンビンのお陰で八仙の仲間

入りができた女性もいます。リトンビンは、性交してもイカない修行をしていました。彼は遊女たちに、

「俺はイカないんだ。やってみろよ」

と、豪語していました。

ところが、この女性がフェラチオがうまくてリトンビンをイカせて、彼の精液を飲んで、そして仙女になれたのです。

37 白髪が立って、その具合で占うおばあさんの呆然

リトンビンの里の帰りに、おもしろい噂を聞きました。

「この地区には白髪が立って、その立ち具合でいろいろ判断するおばあさんがいます」

「白髪が立つ？　重力に逆らって立つとすれば不思議です。ぜひ会ってみたいです」

案内人は彼女に電話をしました。すると、

「その日本人は、公安の犬と一緒ではないでしょうね。正義感バリバリで私を捕まえに来るのではないでしょうね」

と聞いたそうです。

手でしごいて白髪を立てる、とんでもオババ

案内人は、

「私が知る限り、その日本人の辞書には正義という文字はありません。好き勝手という文字はありますが……。今もリトンビンの里で感動していました」

と答えたら、会ってもよいというオーケーが出たのだそうです。

着くと、そこにはオババがいました。彼女は私を見ると、いいました。

「私の夫は日本兵に殺された。そこに祭壇があるから、お辞儀をしなさい」

私は祭壇に向かって、深々とお辞儀をしました。

次にオババは何年も洗っていないであろう髪の毛を、手でしごいて立たせました。

「わしは誰でも呼ぶことができる。誰を呼ぶ

かい？」

　と聞くので、

「老子様も呼べますか？」

　といえば、

「当たり前じゃい」

　といい、さっそく白髪を立てて呼びました。

「来た来た、さあ、何でも質問しておくれ」

　とオババがいうので、

「老子様がおっしゃった無為の意味を教えてください」

　と聞きました。

　オババに降りた老子様は答えました。

「はあ⁇　無為⁇　何それ⁇」

　私と案内人は、そそくさとそこを出てしまいました。

　いい加減なオババではありましたが、さっきのことわざが頭をかすめました。

「狗咬呂洞賓、不識好頼人」

　正義の人、正しい人、善いことをする人……こんな概念は捨てて、われわれも犬に吠えられるようにならないといけません。

そういう意味では、私もまだまだ修行が足りません。充分に善人の部分をもっているし、犬に吠えられることを気にしたりしているからです。

犬の吠える声（世間の非難）をよそに、酒を喰らい、リトンビンスリーピングで寝てしまう彼が、目に浮かぶようです。

38 テレポーテーションを目の前で成功させたママさん

河南省にはテレポーテーションができるママさんがいると聞きました。彼女の名前をランちゃんといい、4歳の子持ちです。

今回、テレポーテーションの瞬間を撮影するための装置までつくりました。

ランちゃんは薬のビンを振って、なかの薬をふたを開けずに出すことができます。しかし、それを撮影しようとしても、ビンが振られている状態だと安定して撮影できません。ビンを振らずにやることはできないかと聞いたら、それはかなり難しいとのこと。だったら、ビンと一緒にカメラも振らしてしまえばいいという発想をしたのです。

それをデジタルビデオで記録し、コマ送りで見れば、消滅と再生の瞬間が見えるのではないかと思いました。

私はこの装置をつくるために、何度も秋葉原通いをして、何万円もする小型カメラを何個も買い、東急ハンズ通いをしてケースを何個も買い、何度もつくり直しています。でも、それはそれでとても楽しい作業でした。今日という日に、それは役立たずでもいいのです。不思議の調査に貸し借りはなしです。

薬ビンは新品です。封がしてあります。さっき私が買ってきたものです。ビンには100個入りと書いてあります。

何もビンの底から出すことはないじゃないの、ふたがあるんだからそれを取ればいいじゃない。しかし、閉空間から物が出ることは、宇宙の法則に反しています。それをぜひ撮影したい。

18分経ったときでした。装置を持つ下の手から薬を出しました。

「どひゃ……、カメラを通り越して、下まで行っちゃったんですか？」

「ごめんなさい、エネルギーが入りすぎて……」

薬はカメラの後ろ側に出現してしまったのです。ふぅ～。

そしてその3分後、カメラの視野内でそれは起こりました。何度も起こりました。

結局、全部で6粒が外に出ました。その瞬間の映像が撮れました。

テレポーテーションを成功させた女性

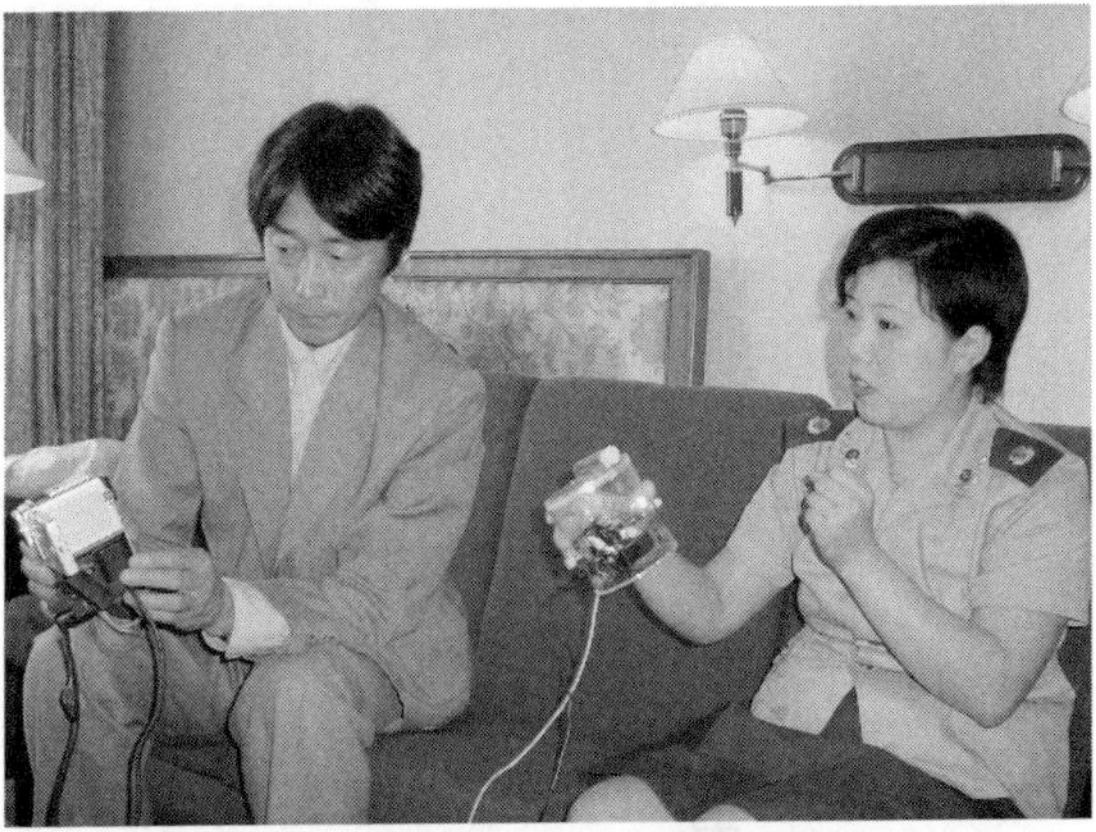

コマのひとつ前には薬はありません。薬はビンのガラスの壁面を通過しないで突然出現しています。

終わってから薬ビンの封を切り、なかの個数を調べました。すると92個しかないのです。ビンには100個入りと書いてあります。もしも正確に100個入っていたなら、2個はどこに行ったのでしょうか？ 別の異次元空間、それとも別の場所でしょうか？

私たちが住むこの時空は、とてもフニャフニャとしたものなのかもしれません。物がそこにあるといっても、あちらの次元から見れば不確定なのかもしれません。

いい大学を出て、いいところに就職して、安定した日々を送る……テレポーテーションの実験をしていると、そういう生活のほうが奇妙に思えてきたりもします。

39 道教の修行で透視術が芽生えた中学生

私に関する記事が『中国気功科学』という雑誌に載りました。

その影響か、先方から「取材に来てくれ」といわれました。電話の主は、とっておきの超能力者を用意しておくといいました。透視能力がある中学生ふたりです。道教方式の訓練で超能力が芽生えたのだといいました。

透視術が芽生えた中学生（右から1人めと3人め）

まず、みんなでお昼を食べました。上の写真で私の両脇にいるふたりがそうですが、とても初々《ういうい》しくて、可愛いのです。

透視能力試験会場まで用意されました。

「森田センセーは真ん中にどうぞ」

といわれ、場違いにも超能力者のあいだに座らされました。

これって、不思議議調査ではよくある風景です。私の位置がではありません。超能力者をぐるっと囲み、トリックを防止するパターンなのです。

被験者は封筒にガッチリと入れられた10枚のトランプを、透視で10枚ともその順序まで当てるというのです。

可哀そうに、中学1年の女の子は、2時間も頑張ったのにできませんでした。

取り巻きの人数が多いんじゃないかというので、ギャラリーは半分に減らされました。

そして30分経過し、彼女たちは100％の透視ができました。

実は私は、こういうのが好きじゃないのです。みんなで取り囲む……のがではありません。「科学的」にガッチリとした……つまり、トリック防止にのみ力を入れたのが好きじゃないのです。

アメリカでは、中国発の情報は信用されない傾向にあります。バージニア州で体外離脱を研究しているモンロー研究所でも、「チャイニーズでしょ。彼らはトリックするわよね」といわれました。

中国の「超能力サイド」も、このアンチテーゼになってしまいました。つまり、本物であることを証明するためだけに、超能力の実演をするのです。

私もよくいわれます。

「森田さんが集めた映像とか資料を公表して、否定派をぎゃふんといわせればいいじゃないですか」

……と。

しかし、そんなことには何の興味もありません。

私は、私ひとりが向こう側を見ることができればいいのです。向こう側とは、時空の成り立ちです。

外側でギャアギャアいう野次馬は放っておいて、どんどん先に行けばいいのです。

しかし、残念ながら中国の人がそれをいうことは、たぶんできないでしょう。西欧諸国ならびに中国そのものが、そうしてしまったのです。トリック論争でがんじがらめなのです。中学の女の子にしても、失敗を恐れず、新しいことにチャレンジできるのに……。

40 空中から薬や針を取り出す病気治療師の不思議

われわれが治療院に着くと、能力者はベッドに横たわった中年女性の脇に立っていました。何やら呪文のようなものを唱えています。中年女性のお腹はパンパンです。

彼は患者のお腹から10センチほど離れた位置に両手をもっていき、「ええーい」というかけ声とともに手前に引きました。

すると、彼の両手のなかに膿《うみ》がたくさん出現しました。それをバケツに捨てると、同じことを何度も何度も繰り返します。

「ええーい、ええーい」

彼の声が治療室にこだまします。

たくさんの膿が捨てられて、患者のお腹はしだいにへこんでいきました。

患者は感動してベッドの上で両手を合わせ、念仏を唱えています。

膿がなくなりました。次に彼は空中に両手を上げました。降ろすと、そこにはたくさんの粉薬が出現していました。それを患者のお腹にパラパラと落とします。次は指でお腹をトントンと叩きました。すると薬がお腹に吸いこまれていきました。

次の患者が運びこまれてきました。リュウマチをわずらっているのでしょうか、うまく歩けません。

能力者は空中から架空の針を取り出す恰好をしました。しかし、われわれには見えません。その針を使い、針治療を始めます。架空の針だから、どこにでも刺せます。頭に刺して治療をすることもできます。

10分ほどで治療が終わると、患者は歩けるようになりました。

私も同様にやってもらいました。薬が落ちるときは、ちゃんと感覚があります。しかし吸いこまれるときは、まったく感覚がありません。

針治療もやってもらいましたが、頭に刺されるとさすがに痛いです。

同じ省に住む別の能力者も、やはり空中から架空の針を出して治療します。秘訣も教えてもらいました。

空中から薬や針を取り出す治療師

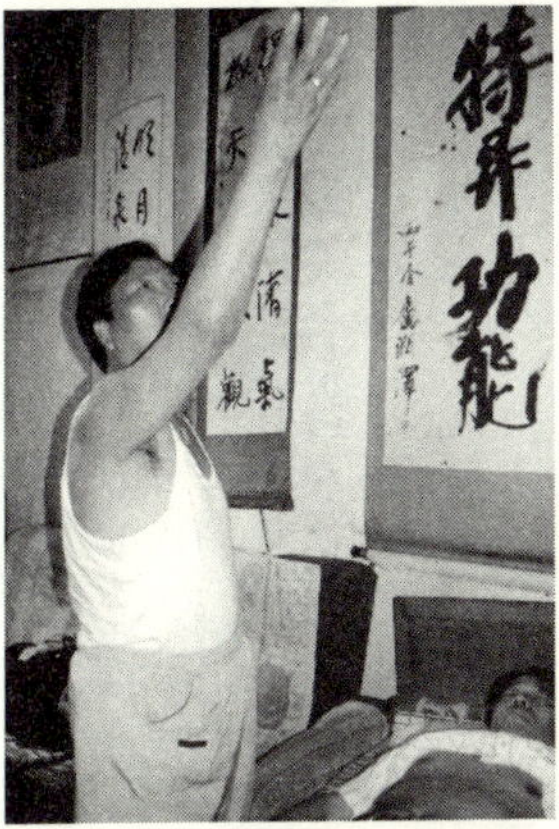

指でお腹を叩いている

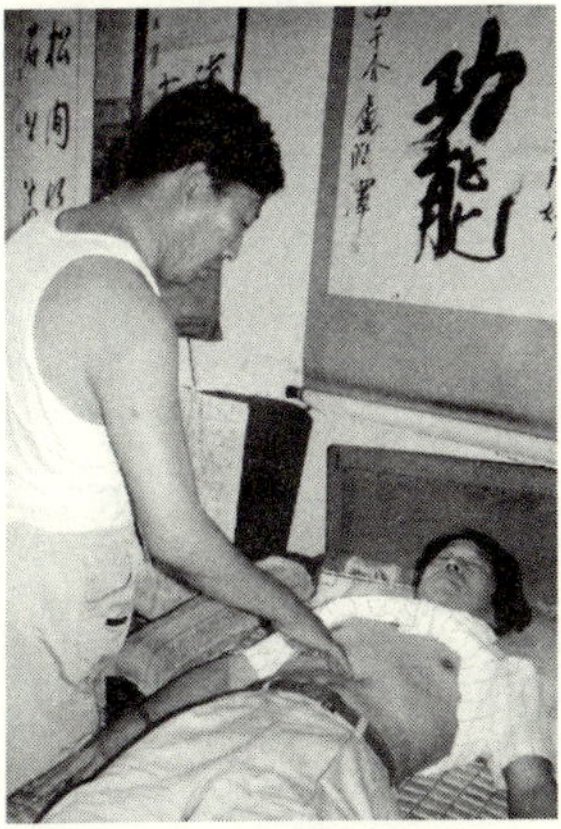

次の言葉を唱えながらやるのです。まず針を取り出し、自分の手に刺してみてください。チクリとするはずです。私にもできました。

空中から針を取り出す……依沙（イサ）

針を刺す……………瑪特（マタァ）

針を空中に返す………嘩（ファ）

しかし、日本に帰ってきて同じことをやっても、できませんでした。これを読んでいるあなたはできましたか？

41 特殊な音階の歌でヒーリングをする女性

長春では歌でヒーリングする女性に会いました。

彼女が持ってきた写真つきの資料によると、そのヒーリング能力は美容系と超能力系です。

美容系ではとくに白髪に効く様子です。彼女の歌を聴いただけで白髪が黒髪になった例がいくつも写真で紹介されていました。

それによれば、彼女が歌うのは、あるときは広い会場でした。聴衆を写した写真には白

歌ってヒーリングをする女性

髪のおじいさんが何人も写っていました。その会場で彼女の歌を聴いて帰り、数カ月すると黒い髪に変わっている人が何人も出たのです。その人たちの感謝の手紙も見せてもらいました。

シワが消えたという例も紹介されました。インポが治ったという人もいました。

これは一種の若返りなのでしょうか……。超能力系では、彼女の歌を聴くだけで天目が開いた、という人もたくさん出ているそうです。

彼女の歌は、電話を通しても効果があるそうです。中国一の超能力者といわれている張宝勝(『運命好転の不思議現象99の謎』二見書房刊参照)も彼女の歌を聴くために電話をかけてくるそうです。

彼女の歌を実際に聴いてみました。私の他には6人いました。

彼女は全員に向かって歌いはじめました。すごい声量です。

私は毛穴が全部開く感じがしました。自分のなかにあるエネルギーが、さざ波を打つような感じです。

そこにいた女性は、踊りだしました。

彼女の歌う歌は、曲も詞も即興が多いといいます。私たちのために歌った歌は、チベット民謡のような感じでした。案の定、彼女はチベットから帰ってきたばかりでした。

学者が彼女の歌の音階を調べると、どうもチャクラ(中国ではツボ)に共鳴するのではないかということです。ある特殊な音階らしいのです。

古代中国の五音(ミソドレラ)をロシアとインドのリズムに乗せているようです。

チャクラに影響を与える波長は、脳波帯(4～20Hz)の周波数、可聴帯域の周波数、光の周波数だといわれています。彼女はそのうちの可聴帯域を使っているのでしょう。

これを録音して不思議研究所で売り出したら、本当に白髪が黒髪に変わった人が現われました。

PART4

「肉体と魂」を探る不思議な旅

42 私(森田)の2度の臨死体験と自然体外離脱の謎

私は自然体外離脱を2度体験しています。

最初は3歳のときです。盲腸になってそれを医者が誤診してしまったのです。ちょうどそのとき、赤痢がはやっていて、盲腸炎は赤痢と同じような症状でお腹が痛くなるので、赤痢病棟に入れられ、手遅れになって死にそうになりました。

医者は足の骨のところに電気ドリルで穴を開けはじめました。たぶん、そこから薬を入れないと間に合わなかったのだと思います。

すでに患者(私)は死にそうだから麻酔も打ちません。けれど、私は意識があるので痛くて仕方がありません。

そのとき、初めて体外離脱をしました。上から手術されている自分を見ているのです。ダダダダダッとドリルで足に穴を開ける、その作業を冷静に見ているのです。

しばらく浮いていると、上のほうに光のシャワーを感じました。下には15歳ほど年上の従兄弟《いとこ》と私の両親がいて、そのとき医者はいなくなっていました。私がひとりで死んだように寝ています。そのときに、従兄弟が私の両親にいいました。

手術中の臨死体験（想像図）

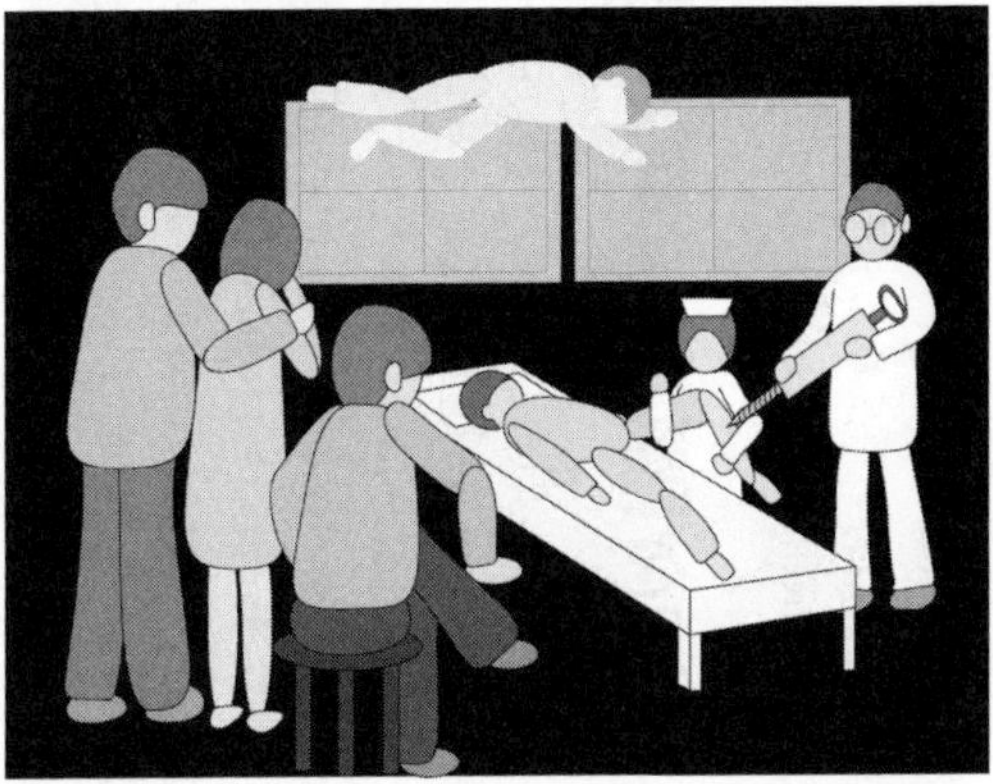

「早く帰って次のをつくったほうがいい」

そのときまでは、このままあの世に行ってもいいかなと思っていたのですが、従兄弟のその言葉を聞いて、戻ろうと思いました。

ところで、あとから考えると、光のシャワーというのは手術室にある天井の照明ではないかと思いました。

次は7歳のときの話です。

わが家にはまだ水道がなくて、外の井戸で水をくんで家のなかの大きなかめに溜めていました。

ある日、私がかめをのぞきこんでいたら、頭からなかに落ちてしまったのです。その瞬間、私は体外離脱をしました。

当時、例の従兄弟がわが家に住んでいて、彼は隣の部屋で蚕《かいこ》の世話をしていました。魂だけになった私は、彼のところに飛んでいきました。背中をトントンと叩くと、彼は振り向きました。そして、私の足が水がめから出ているのを発見したのです。その従兄弟は、あわてて飛んでいって、私の足首をつかんで引き上げてくれました。

死にかけて体外離脱したのは、この2回です。いとも簡単に肉体を離れました。ですから、本当に死ぬときもこんな感じではないかと思います。

魂になってしまえばまったく痛くないし、生きているときと変わりません。肉体の目は水がめのなかにあるはずなのに、魂の目はそれを外から見ているのです。「私」という感覚も生きているときと同じです。

では肉体って何なのでしょう？　本当に不思議です。

43　人はなぜ「夢」を見る？　夢は何を伝えている？

新居に引っ越しする前日、菩薩《ぼさつ》がわが家に来る夢を見ました。

可愛い女の子が、ぬいぐるみを持って新居にやってきたのです。とても大きなぬいぐるみですが、見たことのない動物でした。たぶん、地上では生息していない生物のものだと思います。

古代人の霊体とコンタクトをとる女性（右から2人め）

女の子はわが家に住みつきますが、空が飛べるので、いつもフラフラ出て行きます。いないときに彼女の部屋（設計図にはない部屋）に行ったら、「私は菩薩です。これからよろしく」と書いてありました。これをもとに観音菩薩の像を造ったら、そのなかには魂がいるといわれました。

中国の吉林省では、古代人の霊体とコンタクトがとれるという人に会いました。トラさんと私にとって、呼んでもらう人はたったひとりしかいません。

「六爻占術を最初につくった京房《けいぼう》という人を呼んでください」

と依頼しました。

女性は目をつむり、瞑想状態に入りました。しばらくするとピクッと体を震わせ、いいました。

「今、京房さんが来ました。質問してください」

最初はトラさんが聞きました。

「六爻占術の発明者のあなたに、ぜひお聞きしたいことがあります。それは、秘伝として世の中にまだ伝えていない部分があれば教えてください」

彼女は瞑想状態のままいいます。

「私が研究した内容は、たしかに一部分しか伝えていません。しかしあなた（トラさん）は、自分で研究して私をすでに超えています」

今度は私が聞きました。

「何がきっかけで、時間のなかにルールがあることを知ったのですか？」

「私はある日、両側が竹の林になっている小道を歩いていました。すると、前方に大きな石がありました。歩き疲れたので、その石の上に横になりました。ウトウトとしていると、突然夢のなかに霊のような存在が現われて、時間のなかにあるルールを教えてくれたのです。私は目がさめると、それを忘れないうちに書きしるしました。それがきっかけです」

「霊体は地球人の霊ですか？　それとも宇宙人の魂ですか？」

「今、私たちが生活をしているところの人ではないといっています」

コンタクトした女性が描いた京房さんのイラスト

私は、さらに質問します。

「京房さん、あなたにはもともとそういう超能力のようなものがあったのですか?」

「私は普通の人です」

「何か修練のようなことはしていましたか?」

「何もしていません」

「今日本に六爻占術が広まりつつありますが、どう感じていますか?」

彼女はいいました。

「京房さんが見えないくらい大きな光が現われました。それはよいというサインだと感じます。未来は光のように明るいというサインでもあるでしょう」

「日本の次には他の国にも広がりますか?」

「京房さんは答えてくれません。そろそろ最後の質問です」

トラさんが聞きました。

「秘宝があれば、ぜひ教えていただきたいのですが……」

「こんど、あなた（トラさん）の夢のなかに出て、秘宝を教えましょう」

夢はとても大事な情報を伝えているのかもしれません。

44 金縛りと体外離脱は、どう違う？

私は小さいときから金縛りが多いです。しかし、時間が経てば直るので、別に気にしてはいませんでした。

しかし、あるとき友人がいいました。

「金縛りは、幽霊が身体に乗っているのだ」

私は好奇心が旺盛なのかわかりませんが、これを聞いて、次の金縛りの瞬間を待ちました。

ある晩、来ました。目を開けて幽霊を確認しようとしても、目が開きません。手で触ってみようと思いましたが、手も動きません。

「幽霊さん、こんばんは。いるのなら会いたいな」といいたいけれど、声も出ません。

しばらくすると突然、金縛りから解けました。見わたすと誰もいません。

数カ月後に読んだ、ある学者の本にこんなことが書いてありました。

「金縛りは脳のなかで、知覚神経を司る部分だけが先に起き、運動神経がまだ寝ている状態に起こるのです」

これは説得力がありました。なので、次の金縛りを待つ好奇心もなくなりました。ところが、まったく諦めたとき、それは起こったのです。

ある殺人事件の記事を読んでから睡眠につきました。被害者は美人でした。こんな人となら、たとえ幽霊であったとしても会ってみたいなと思いながら寝ました。

朝の4時ごろです。金縛りが起こりました。でも、心のなかでつぶやいています。知覚神経だけが起きたんだと。これは科学的な現象だと。

そのとき、頭のなかで声がしました。

「私を呼んでくれてありがとう」

寝る前に読んだ記事を思い出しました。もしかして被害者の女性でしょうか。

この問いをもった瞬間、また頭のなかで声がしました。

「そうよ」

次に起こったことは、私が体外離脱したのです。といってもベッドの上、数センチです。体脱すれば目が見えるようになるはずなのに、見えません。

私は女体に抱きしめられているような感覚がして、こともあろうに勃起しました。

しかし、ペニスの先が女体に入っているのかどうか、確認するすべはありませんが、そんな感じもなきにしもあらずです。

幽霊から送られてくるエネルギーは、甘美なものに変わりました。それが最高潮に達したとき、私はイッてしまったのです。

「ありがとう」

という彼女の声が聞こえた瞬間、私は肉体に戻り、目を覚ましました。

45 体外離脱を経験しようとモンロー研究所へ

現在、日本の書店に行けば、モンロー研究所に行った人の本がたくさん出ています。しかし、当時はほとんど知られていなくて、日本人にとって未知の場所でした。

私が体外離脱を専門に研究するモンロー研究所の存在を知ったのは、1996年の1月でした。不思議議研究所設立と同時です。体外離脱は、不思議現象の解明に大きく役立つと

モンロー研究所での体験発表

参加者との夕食会

思っていたからです。

私はモンロー研究所にファックスを出しました。

「英語にはあまり自信がありませんが、やる気は充分にありますのでよろしく」

しかし、返ってきた返事はこうでした。

「英語に自信がないと無理です。さようなら」

すぐに返事を打ちました。

「英語に自信がないというのは日本人の謙遜です。大丈夫です。ぜひ受け入れてください」

すると、

「よいでしょう。お待ちしています」

という返事が来て、なんとか行けることになりました。

モンロー研究所へは、バージニア州のとても小さな空港から行きます。シカゴから10人乗りくらいの小さな飛行機で到着しましたが、降りたのは全員モンロー研究所に行く人でした。そこから4輪駆動車で1時間ほどかけて研究所に向かいます。モンロー研究所の職員も乗っていたため、車内では寝たふりをしていました。

「君、英語がまったくダメじゃないか！」

と、この時点でいわれたくなかったからです。

研究所に着くと、客室ではみんなで歓談しています。全員、西欧人です。私はそこにも参加しませんでした。

結局、私が英語をしゃべるのは、夕食が終わったあとの自己紹介でした。しかもそれは、下書きを書いて、バッチリ覚えてきた文章だったのです。

英語がネックで始まったモンロー研究所のセッションですが、やはり英語がキーだとわかるのは、終わってからでした。

結局、5日間の「ゲートウエイ」という入門コースでは、体外離脱ができなかったのです。かかった費用は、交通費も入れると35万円。私は日本には帰らず、次のコースを続けて受けることにしました。

46 脳波をコントロールする「ヘミシンク」のしくみ

最初のコースで体外離脱ができなかった私は、シャーロッツビルという小さな町に1泊しました。そして、何がいけなかったのだろうと自問自答し、やはり英語だという結論に達しました。

モンロー研究所ではヘッドホンをして、ブースに横たわります。左の耳と右の耳には別々の周波数の音が聞こえてきます。

といっても数ヘルツ違うだけです。その差は、頭のなかで「うなり」を生じます。たとえば、左の耳から１００ヘルツの音を流し、右の耳から１０８ヘルツを流せば、頭のなかで８ヘルツの「うなり」が生じます。８ヘルツは、アルファー波といって眠りを誘発します。それよりも高い周波数は、逆に脳を覚醒させるといわれています。ヘッドホンの左右の音量を変えれば、うなりが生じる場所を脳のなかで移動させることができます。それによって、「知覚神経を司る部分だけを覚醒させ、運動神経の部分は寝ている状態にする」という金縛りの状態がつくれるというわけです。これを「ヘミシンク」といいます。

しかしこのとき、誘導ガイダンスとして英語が流れています。「リラックスしなさい」とか「３回深呼吸しなさい」とかですが、日本人の私は、聞き漏らさないように注意して聞いてしまいます。これが原因だと思ったのです。

翌日、「ライフライン（命綱）」と呼ばれるクラスが始まりました。私は英語のガイダンスにいっさい注意を払うのをやめました。そしてヘミシンクにのみ、身を委《ゆだ》ねました。すると、金縛りのような状態がやってきたのです。

その日は寒くて毛布をかけていました。毛布を直そうと思い、起きあがろうとしたら、私は肉体と分離したのです。

所長のローリー・モンローさんと

つまり、魂だけが起きあがってしまったのです。以前、手術室で浮いてしまったときのように、本物の肉体の上に浮いています。その瞬間、金縛りの状態で出会った女性を思い出しました。

私は「あの世」をイメージすると同時に、あの女性を捜しました。いました。子供も連れていました（子供も同時に殺されていたのです）。

今度はイメージで家をつくりました。日本的な感じの比較的小さな家です。彼女たちを家に案内して、「ここがこれからの住み家だ」と告げました。彼女は、そこで子供とお砂場遊びを始めました。彼女を見たシーンとしてはそれが最後でしたが、とても幸せそうに見えました。

　私はしだいに肉体の世界に戻っていきます。そうです、ヘミシンクの周波数が変わるのにつれて、私も自動的に引き戻されていたのです。最後は無事に肉体に戻りました。

　英語はしゃべられるにこしたことはないと思います。でも、しゃべられなくても支障はないというのが私の意見です。

47 「フォーカス」って何？　人が死ぬとどこへ行く？

　モンロー研究所では、脳波のパターンを分類してフォーカスという単語で呼んでいます。フォーカスとは英語で焦点という意味で、体外離脱して行く先がぶれないように焦点を合わせるという意味ももっています。

　フォーカス番号の定義をまとめると、次のようになります。

・フォーカス3……肉体が眠り、意識が起きている状態。
・フォーカス10……人間の精神、意識と物質的なリアリティが分離する第一段階。
・フォーカス12……意識がより拡張していく状態。
・フォーカス15……時間の観念を大幅に拡張する。別名「無時間の状態」といわれる。
・フォーカス21……肉体は深いデルタ睡眠に入っているが、精神は完全に覚醒した状態。

いのちの世界図

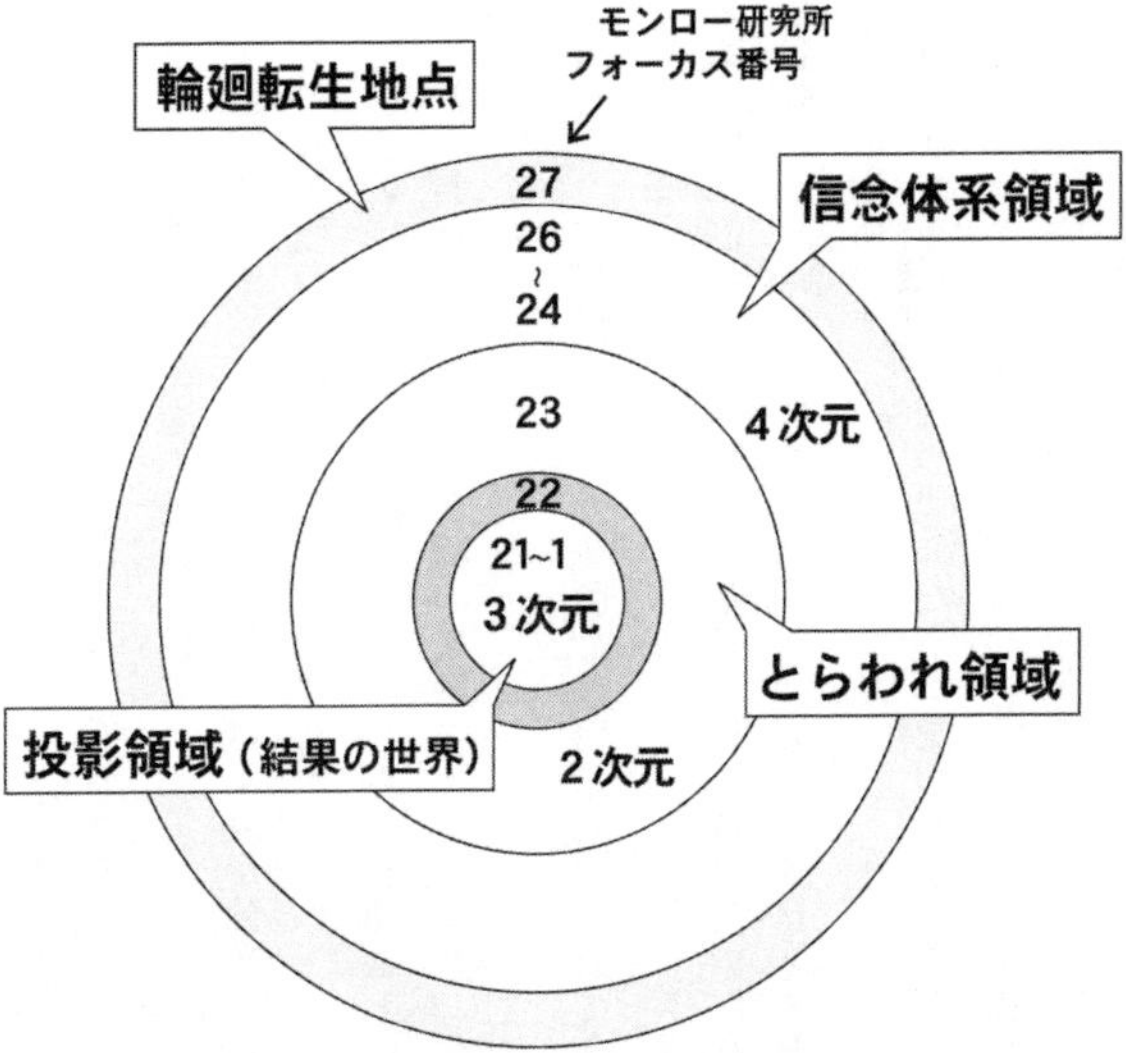

モンロー研究所
フォーカス番号
輪廻転生地点
27
信念体系領域
26
~
24
23
4次元
22
21~1
3次元
とらわれ領域
投影領域（結果の世界）
2次元

・フォーカス24～26……信念体系領域。
・フォーカス27………輪廻転生領域。
・フォーカス35………地球生命圏の出入り口。
これは、モンロー研究所の創始者ロバート・モンロー氏が分類したものです。

この分類によると、人が死ぬとどうなるのでしょうか？

強い信念をもっている者はフォーカス23、別名、とらわれ領域といわれます。自殺で死んだ人もここに行くといわれています。普通の人はフォーカス27、すなわち輪廻転生領域に行きます。

これは本当でしょうか？ 私は一度体外離脱できたことで慣れてきたのか、英語のガイダンスも影響がなくなりました。

次のセッションは、フォーカス27を管理する管理責任者に会いに行き、さらにプランニングセンターにも立ち寄るというものでした。プランニングセンターとは輪廻転生において、来世の計画を立てる場所です。

私自身、その場所にはどうしても行ってみたかったのです。なぜなら、私は現世において、なぜ日本を選び、なぜこの両親を選び、なぜ男性という性を選び、なぜ不思議なことを研究するようになったのか、そこに行けばわかるはずだと思ったからです。

フォーカス27に着くと、管理責任者に会いに行けといわれました。私はイメージしたのですが、どこにも行けませんでした。次にプランニングセンターに行けといわれました。そのときも、どこにも行けませんでした。つまり、どこにも移動できなかったのです。

この最終コースでは、1回のセッションごとにアンケートと感想文を書かなくてはなりません。セッションの最初のほうは自由形式でしたが、このころになると、アンケートも詳しくなります。だからセッションに入る前に読むようになっていました。

たとえば、プランニングセンターはどんなところにあり、センター長はどんな仕事をしていたか？ あなたは彼からどんなメッセージを受けたか？ などという質問が書いてあります。できればアンケート用紙は全部記入したいので、セッション中に見落としがないように、事前に質問を知っておきたくなるのです。

このあとの報告会で、私は次のような報告をしました。

「私は両方とも見つけることはできませんでした。それは、私がそういう存在を信じていないからかもしれません。しかし、ひとついいたいことがあります。彼らは本当はいないのではないでしょうか。モンローさんの著書のなかには、プランニングセンターらしきものは書かれていますが、このアンケートにあるような確立されたイメージではありません。

ひょっとすると、このアンケートとコントロールルームからの誘導音声によって、存在しなかったものまでがつくり出されたということは考えられないでしょうか？

管理責任者などというのは、アメリカでいえば大統領を思わせます。ひとつの魂体が全体の魂を管理するなどというのは、この世の話ではないでしょうか？　それが本当だとすれば、その魂体は神の親戚ですか？　そうでないとすれば、輪廻転生をちゃんと卒業した存在でしょうか？　東洋の仏教には管理責任者なるものは存在しません。輪廻転生のシステムが存在するだけです。

私はプランニングセンターが存在するとしても、システムとして存在するのではないかと思います。誰か個人の意志のようなものは働いていないと思います。

ところで、モンローさんの存命中は、モンロー研究所はどんな宗教からも独立していたと思います。俗にいう精神世界からも独立していたと思います。けれど、この状況はアメリカの議会システムみたいです。それであの世を定義しようとしています」

こう述べると、たしかにそうだという意見もありました。

私はこれ以降、アンケートへの記入を拒否しました。もちろん、ちゃんと理由を書いてですが……。

48 この世とあの世に流れる「Mエナジー」の謎

モンロー研究所で、セッションのあいだにエネルギーについての説明がありました。Mフィールドエナジーについてです。

Mフィールドエナジーの Mは、創始者モンローの頭文字をとっています。これは、日本語でいうところの「気」と同じだそうです。アメリカには「気」という単語がありません。だからモンローさんが勝手にMフィールドエナジーと名づけたのです。もしもアメリカで「気」の研究が進み、その分野での先進国になるとすれば、「気」は英語でMフィールドエナジーと訳すようになるかもしれません。「気」というシンプルな単語が世界共通語になるように、日本での研究を進めたいものです。

なぜMエナジーについての説明があるかというと、まともにMエナジーを受けると強すぎるから気をつけろというのです。おそらく私たちの世界は、Mエナジーで囲まれているのではないでしょうか? 私は、これが生命の源ではないかと考えました。

私はモンロー研究所に念力計を持っていきました。念力計とは、念力を計るセンサーがついていて、そこから出力された電圧を増幅してメータを振らせます。右回転系の念力は、右のメータが振れるようになっています。左回転系の念力は、左のメータが振れるようになっています。念力計には感度調整つまみがついていて、私のような凡人でも、感度調整を最大値にすれば振らせることができます。

念力計から数メートル離れても、右に回れと念じれば右の針が振れ、左に回れと念じれば左の針が振れるこの機械は、モンロー研究所でもみんなの奪い合いになりました。トライした人の全員が指示どおりに動かすことができたので、みんな大変満足していました。

体外離脱をするとき、私はいつもこの機械を置いておきました。そしてメータをビデオ撮影しておきます。

体外離脱したとき、さっそく動かしてみました。しかし、いくら念を送ってもさっぱり動きません。なぜでしょうか、幽体の私は考えました。ふと気がつき、私は自分の肉体に「念力計に念を送れ」という指示を出しました。するとメータは動きました。

ポルターガイスト現象（霊のしわざで部屋のなかの物が飛び回る現象）が本当だとすれば、霊はおそらくその部屋に住む人の肉体を使って念を送っているのではないでしょうか。

ですから、誰も見ていない空間では物は飛び回っていないと思います。

49 生まれたばかりの私には無限の可能性があった!

モンロー研究所のことを略してMIといいます。そしてあの世にもモンロー研究所があります。こちらの世界のことをHere、あちらの世界のことをThereといいます。

次のセッションは、MI―There(略してMIT)に行きなさいというものでした。

MITとはあの世のモンロー研究所のことです。

セッションが始まりました。フォーカス27に着いた私は、MITを探しました。すると目の前に、ギリシャのパルテノン神殿のような、屋根のない、柱だけ立っている施設が現われました。柱の材質は大理石のようです。そのなかに入り、散策していると、地下室に降りていく階段が目に入りました。降りていくと、そこにはひとつのドアがありました。ドアにはインタビュールームと書いてあります。

ふーむ、さすがにモンロー研究所だ。あの世ではインタビューをされるのか。私はドアをノックしました。するとなかから、

「Who are you ?(あなたは誰ですか?)」

という質問が聞こえました。

「My name is Ken.（私の名前は健です）」

と答えました。するとなかから怒ったような感じで、

「No! I asked you who you were.（違う！　私はあなたは誰かと聞いたのです）」

といってきました。私は相手によく聞こえなかったのではないかと思い、もう一度、

「My name is Ken.（私の名前は健です）」

といいました。私が再度自分の名前をいうと、

「私にはあなたの名前が健であることは聞こえています。しかし、私が聞きたいのはあなたは誰かということです」

　ここで私はつまってしまいました。

「あなたは誰かと聞かれれば、普通は自分の名前を答えますよ。それのどこが違うのですか？」

「私はあなたに会ったことはありません。あなたの名前をいわれてもピンときません」

　ドアの向こうの存在がいうことは、的を射ています。

　私は質問してくる存在のことを、単に「ドアさん」と名づけました。

　次のセッションでもドアが現われました。またノックします。

「あなたは誰ですか？」

ポスターが気に入った着物姿のモンロー所長

ドアさんが質問してきます。また同じパターンです。

「わかりましたよ。わかりました。答えますよ。名前以外の情報でないといけないんですね。私は１９５１年に日本に生まれました。日本の東京です。結婚しています。会社をやっています。でも、最近では趣味と仕事を兼ねた不思議の調査が本業です。それでここに来ているのです。これでわかりましたか」

ドアはしばらく沈黙ののち、

「それだけですか？」

「それだけって、あなた。これじゃあ無限の時間がかかるじゃないですか。モンロー研究所は今回が最終コースで、６日間しかないのですよ。何かヒントをください」

「あなたは生まれたとき、名前はありませんでした」

「…………」

私はドアを離れ、肉体に戻りました。

――生まれたときには名前がなかった――

――名前がない状態ってなんだろう――

もう一度体脱するとドアのところに行きました。

「前進したいです。ヒントをください」

「生まれたてのあなたには、360度の可能性がありました」

ここでわかりました。

「私は誰でもありません」

次の瞬間、ドアが開きました。ドアの向こう側の空間は、光に満ちていました。薄暗い地下室だったはずなのに、新しい世界は光に満ちあふれていました。

50 あの世(死の世界)は生命に満ちあふれた世界だった

私は念力計を使い、体外離脱で行ける世界の測定を始めました。

まず、フォーカス12までの現世の領域です。これは体外離脱をしたほうが針が余計に振れます。それでも顕著大きくなるわけではありません。

さて、次はあの世の領域に入ったらどうなるでしょうか。

私の念は、フォーカス22以上のあの世の領域に入ったとたんに、大変に大きくなったのです。感度調整つまみをだいぶ落としても、最大値までメータを振らせることができたのです。

このことによって、念力はあの世に存在する力といえるかもしれません。

しかし、念力はフォーカス22で最大値を示し、その後、減少傾向をたどります。フォーカス35でも念を送ってみたのですが、このときはほとんど振れませんでした。

さて、ロバート・モンローの著書に、次のようなくだりがあります。

「フォーカス27は、ふたつのエナジーがぶつかり合っている。だから、ここをゼロ地点と名づける」

この記述のなかのエナジーのひとつは、念力系のエナジーではないかと思うのです。念力は物質界に近い存在だからです。

では、もうひとつのエナジーは何でしょうか……。私はこれを蘇生エナジー・癒しエナジーと仮定しました。つまり、まとめて表現すれば生命エナジーです。念力系エナジーが下がるにつれ、生命系エナジーが上がっているのではないかと思うのです。

この仮説のもとに、蘇生・癒しエナジーを測ってみました。やはり外側の世界に行くにつれて増えるのです。これは大変な発見です。だって、死の世界は命のない死んだ世界ではなく、まったく逆の、生命に満ちあふれた世界だったのですから。

このことを今まで誰がいったでしょうか？ 宗教の教祖がいったでしょうか？ 臨死体験した人がいったでしょうか？ 科学者がいったでしょうか？

わずかにロバート・モンローが「ふたつのエナジーがぶつかり合っている」と表現していただけです。

私たちは、この現世を生命の世界だと思っています。この世界から一歩出ると死の世界だと思っています。でも逆でした。外の世界はいのちに満ちあふれています。ですから、フォーカスの図は「いのちの世界」という表題にしたのです。

死は、やはり終わりではないようです。

51 モンロー研究所は不思議な旅の通過点

「私は誰でもない」——このフレーズが、その後の私に大きな影響を与えました。

生まれ変わりの村の調査のなかで、彼らが抱える悩みにぶつかりました。子供のころから大人の心をもっているため、友達になじめないというのです。

親に対して「指導」をしてしまうので、親子関係がおかしくなるという人もいました。それらが原因で自殺まで考えた人もいます。

しかし、死んでも死ねないことは彼ら自身がいちばん知っているので、自殺すらできません。この問題に対するヒントが、仙人思想にあると思いました。

私のクローゼットには、仙人のローブがかけられています。中国道教協会から贈られたものです。道教は仙人をめざすものですが、中国の不思議な旅のかたわら、私は4年間ほど仙人の修行をしたことがあるのです。

修行は大きく分けると3つです。

まずは「還童功」といって子供に還る修行で、子供のころを思い出しながら瞑想するだけです。

次は「山頂をめざすな」という修行で、完全をめざさず、不完全な今を認めるということです。

3つめは「ハンドルを手放せ」で、意識でコントロールしようとするなということ。開祖老子がいった「為さずして為す」、すなわち物事は無意識で為さなければならないというものです。

修行が終わると、実地試験と論文テストがありましたが、それらが評価されてローブを贈っていただきました。

生まれ変わりが一般的になれば、私たちは永遠に生きることになり、ある意味で仙人と同じになります。世の中が精神的な老人ばかりになってしまいます。では、どうやって生きればいいのか？　そのヒントが、「私は誰でもない」だと思います。

私たちは成長するにつれ、自分を定義するようになりました。私は××であると……。そういう歴史が自分の人生でした。自分を確立することは、自分の定義を確立することでした。

しかし、それは自分の可能性をどんどん狭める結果となりました。

生まれたての私は、３６０度の可能性がありました。

私は本来、誰でもなかったのです。

人間の寿命が短いのは、環境適応が原因であるという説があります。老人になって凝り固まった考えの人たちばかりになると、環境の変化に適応できず、文化の発展を押しとどめるからです。

だから人間は新しい生命を生み、新陳代謝する必要があるのです。新しい生命は、新し

仙人ローブの授与式（中国にて）

い環境に適応するために、前世をすべて忘れる必要がありました。

生まれたての赤ちゃんは「誰でもありません」。

仙人修行のあとに六爻占術と出会います。そこでもこのフレーズは矛盾しません。なぜなら、自分で運命を変えることができないからです。芸術家だって、もともと決まった運命を歩んでいるだけなのです。創造とかいいながらも……。

「私は誰でもない」の境地に至ったとき、初めて運命は好転するのです。

PART5

「無意識」は未来を知っている

52 黄色い大地の穴居に暮らす心豊かな人たち

西安から4輪駆動車で片道10時間かかるところに、黄色い大地はありました。中国の田舎に行くと、穴蔵《あなぐら》を発見することがあります。まさかあそこに人は住んでいないよね……なんて疑問に思っていました。

聞くと、人が住んでいるそうです。やはり中国も大変なんだなあ……と思っていました。ところが、今回はその穴蔵だらけだったのです。ほとんど村全体が穴蔵生活なのです。穴蔵生活などと聞くと、みなさんも私と同様に、「中国も大変なんだなあ……」と思うでしょう。しかしです。内部はとても素敵だったのです。

土の壁かと思えば、ちゃんとセメントでつくられていて、内装もしてありました。しゃれたベッドまであります。

ひょっとして、みなさんの部屋よりも素敵ではないでしょうか……。窓はまるでステンドグラスです。ひとつひとつには切り絵が貼ってあるのです。それも写真のような素晴らしい作品です。

これらの作品は、すべてたった一枚の紙からつくられます。カッターなどはなくて、普

黄色い大地に豊かな穴蔵生活

窓の外側

まるでステンドグラスのような美しい窓

開いてくれた歓迎の演奏会

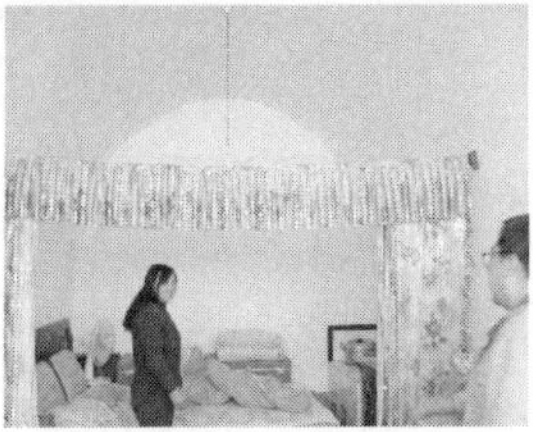

カラフルな美しいベッド

通のハサミでつくります。

私は子供のころ、洞窟があるとそこで遊びました。そして、そこに泊まる冒険をしてみたいといって親を困らせたことがありました。それは実現しませんでした。ちょうどその夢をそのまま実現しているのです。

穴はどこに掘ってもOKだそうです。通常3つほどの穴を掘り、寝室、リビング、キッチンというふうに使い分けます。子供部屋が必要になれば、その隣に掘ればいいのです。

さて、私たちが行くことは案内人が3日前に連絡しました。すると、そのためにわざわざ楽団が結成され、私たちを歓迎するための音楽を演奏してくれました。私たちを歓迎する歌を即興でつくって歌うのです。とにかく、とても楽しそうなのです。

私は楽器を演奏してくれた人たちにお礼として50元（約750円）をあげました。すると案内人がいいました。

「彼らは50元もらっても使うところがない」

と……。

案内人は何年か前、貧民を救済するという命令を政府から受け、ここに派遣されました。そして1年ほど活動しました。

しかし、彼はわかったのでした。

「ここの人たちは決して貧民ではない」

……と。

黄色い大地……それは、家がないからつけられた名称でした。

しかし穴蔵生活という、外から見れば貧民としか思えない人々が、実は私たちが忘れ去った豊かさをもっていたのです。

53 三蔵法師の数奇な運命と苦行の旅に何を学ぶ？

西安に三蔵法師（玄奨法師）を祀る寺がありました。

そこには三蔵法師が苦行しながら天竺（インド）にわたるところの絵がありました。しかし、孫悟空はいません。

注目すべきは、紀元600年代にインドに行っていることです。

彼はインドに行き、仏典をひっさげて中国に帰ります。そして、その寺で般若心経を訳します。つまり、それまでお経はなかったのです。

さらに400年後、つまり今から1000年前に密教が成立します。ということは、密教の歴史はとても浅いのです。

三蔵法師のつくった宗派は「唯識宗」といいます。識(色)しか存在しない宗派という意味です。これも意味深げですね。

彼は識を9つの層に分けました。九識とは……、

奄摩羅識(アマラシキ)……………唯識宗9

阿頼耶識(アラヤシキ)……………本当の仏の心8

末那識(マナシキ)………………霊感、無意識7

六識(眼、耳、鼻、舌、身、意)……普通の人1~6です。

しかし、この唯識宗という宗派は、たったの2代で終わってしまいます。そして、般若心経だけが残りました。

私たちは平気で仏教を語りますが、それは数多くの人間の手によってつくりかえられたのです。ですから逆に素晴らしい、ともいえるのではないでしょうか……。

三蔵法師の三蔵とは、

1・仏(仏陀)

2・法(達磨)

3・僧(伽)

という意味だそうです。

三蔵法師の苦行の足跡

苦行する三蔵法師の絵

この3つがそろっている人だから名づけられたのだそうです。

私は三蔵法師といえば、白い馬に乗り、孫悟空たちを従え、本人は結構のんきに旅をしていたと思っていました（だいたい実在の人物だと知ってビックリしたのですが……）。

実は、あの悟ったような風体で白い馬に乗っているのが好きではありませんでした。でも、今回中国に来て、三蔵法師のファンになりました。

彼の生まれる前、お父さんはある人に殺されてしまいました。そのとき、お母さんのお腹のなかには彼がいました。

彼が生まれると、お父さんを殺した人は、彼も始末しようとしました。そして板の上に乗せて、川に放ちました。でも、あるところで僧侶に助けられます。

彼のお母さんは、お父さんを殺した人と一緒になり、その後もちゃんと暮らしました。赤ちゃんのときに川に捨てられ僧侶に助けられた彼だから、きっと生きていく意味を知りたかったのではないでしょうか。苦労して育ったから、チベットの山越えができたのではないでしょうか。

そして、たったひとりで山越えをするとき、動物が友達だったのだと思います。

54 中国易学シンポジウムが国費で開催される理由は?

ある日、中国の親友トラさんからメールが来ました。

「易学シンポジウムが3カ月後に開催されることになりました。日本からは森田さんが招待されています。ぜひ来てくださいとのことです。できれば講演をしてほしいとのことです」

そして、その日が訪れました。

前夜祭は派手でした。燃え上がるファイアーストームの前にステージがつくられ、歌手が何人も登場しました

翌日は五女山探訪という観光です。ここには昔、八卦城という城があったそうです。五女山山頂には「運のよくなる泉」というのがありました。

ホテルに帰ると、豪華な昼食が待っていました。そして2日間のシンポジウムが始まりました。発表者は易学の学者ばかりです。

私の番が回ってきました。

中国語でしゃべりはじめました。その瞬間、拍手が起こりました。

ひとしきりしゃべったあと、「あとは王先生に通訳を依頼いたします」といったとき、会場は再び拍手の渦に包まれました。

やはり最初の部分だけであれ、一生懸命に中国語でしゃべったのは正解でした。聴衆はそれで私を受け入れてくれたようです。

その後はトラさんの通訳で進みます。講演の題名は「私の不思議研究」です。フィリピンでお尻に手を突っこまれた話までしました。みんな固唾を飲んで聴いていました。「不思議の友」の会員が10万人いることをしゃべったときは、会場がどよめきました。私の姿勢は、充分に伝わったと思います。

講演は滞《とどこお》りなく終わりました。「素晴らしかった」といって、握手を求めてくる人もいました。

ところで、シンポジウムに参会する人の交通費、宿泊費、その他諸々、すべての費用は国から出ているのです。ファイアーストームと歓迎会も、すべて国からお金が出ています。舞台で歌った歌手たちも、遠方から呼んできたのだそうです。使った予算は30万元以上だそうです。

そこまでして、なぜ「易学シンポジウム」だったのでしょうか？

政府はこの地域を売り出したいのです。この土地のウリは、占い系だったのです。山や

中国易学シンポジウムで感動の初講演

シンポジウムのあとでテレビの取材を受ける

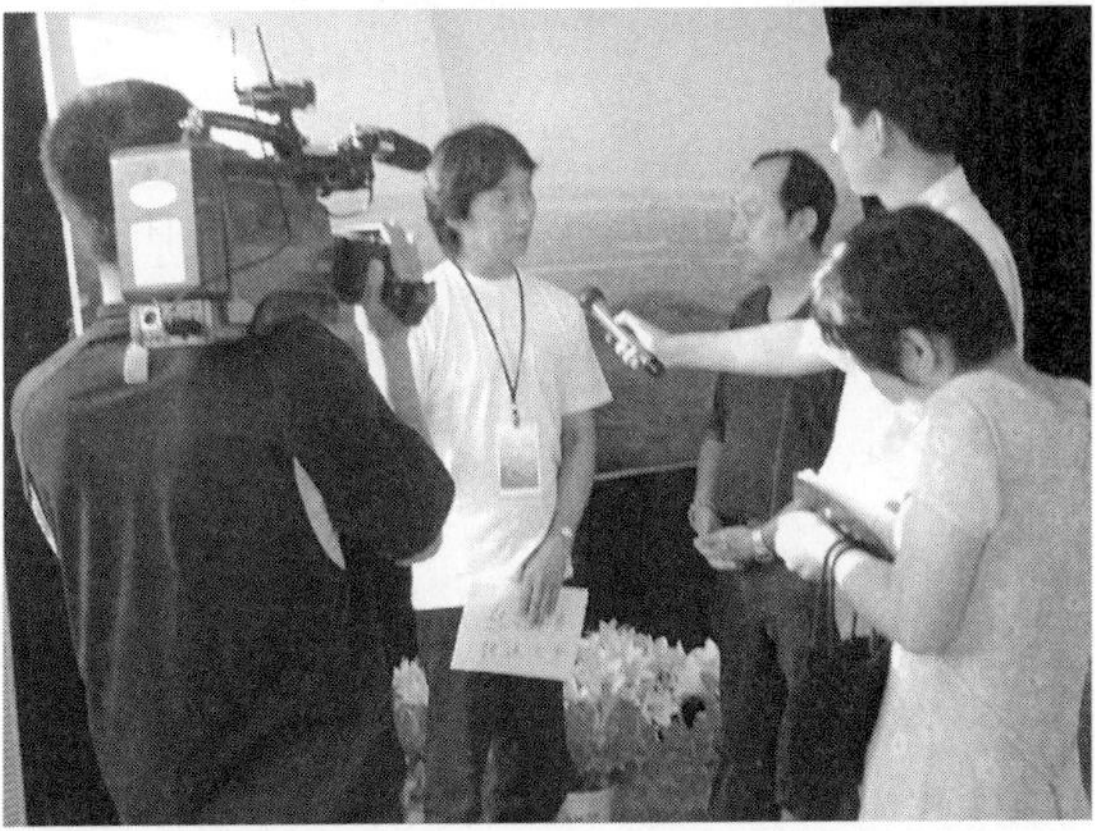

河に、白虎だとか青竜だとか、占い系の名前がつけられています。河が大きく蛇行して、まるで太極図のようになっています。だから、易学シンポジウムを誘致したのです。

シンポジウムでは、私の前に、政府のエライ人で、しかも日本に留学したことのある人が座っていました。その人にいわれました。

「森田さんのホームページにアップしてもらえませんでしょうか?」

「わ……わかりました……」と答えました。

シンポジウムが終わると、テレビのインタビューを受けました。

主催者が日本から私を呼んだのは、このためだと思います。この土地のPRです。日本人観光客をたくさん呼びたいのです。

でも、私はこういうのが好きです。私はギブアンドギブよりも、下心ありありが好きです。

というわけで、読者の皆さん、暇ができたらここに遊びにきてください。

55 運命の研究は「百姓」でありつづけなければできない

易学シンポジウムの出席者名簿を見ると、みんな役職名がすごいです。その人個人がもっている役職は、すべて書かれています。

しかし、トラさんは……私（森田健）の名前の右横にカッコして書かれ、役職名はなく、単に助理と書かれています。私の補佐という意味です。

夜は夕食会でした。１００人近い参加者がいました。西洋人もいました。それぞれがバイキングで料理を取り、円卓に座りました。お酒も飲み放題なので、私は地元でつくられたワインを取りました。

そしてトラさんのあとについて席に向かいました。トラさんは隅っこの席に座りました。私たちの席に主催者が挨拶に来ました。トラさんはひと言「どうも……」といいました。

私はトラさんに訊きました。

「こういう席に出たことがないのではないですか？」

「はい、私は組織的なことが好きではないので、こういう会に出るのは初めてです」

そういえば、トラさんは何の組織にも属していません。

しかし、中国には周易に関する大きな組織があります。そういう組織に入れば、トラさんなら地区の会長くらいにはなれるでしょう。そうなれば、国からの保護もそれなりに受けられるようになります。

ですが、トラさんは会員にすらなっていないのです。

世の中には、組織のなかで名を得て出世していく人が多い。地位が上がることで、その人の価値も上がると勘違いする人が多いのです。

トラさんから聞いた話ですが、一般の人は中国語で「百姓」というらしい。なので、農民は百姓の一部なのだそうです。

トラさんは、「私も百姓ですし、これからもずっと百姓でいます」といいました。

トラさんは、六爻占術で運命を変えることができます。そのトラさんが百姓なのです。この世は、百姓が運命を変えているのです。

トラさんは、充分に成功しています。しかし、百姓を捨てて名を取ると、そこで前進がストップされます。

宮本武蔵は、最後まで百姓だったような気がします。かたや小次郎は、武家に就職しました。この時点で勝敗は決定していたのかもしれません。

今回の易学シンポジウムでは、実践的な発表はほとんどありません。発表者の多くは大学教授です。彼らは「百姓」ではありません。彼らには、肩書きがたくさんあります。そういう人は、実践的な易の研究をしてはいけないのです。だから彼らが書く本には、現代の実践例はほとんどないといっても差し支えありません。しかしそれは、国の方針として仕方がないのです。

だから、中国で実践的な研究をやる人は、百姓であることが必須なのです。百姓であれば、国は何もいってきません。個人的にやっているのならば、影響は少ないからです。

そして、国外で発表することも大目に見られます。それは、中国国内の人が読むことができないからです。だから私も、百姓でなければならないのです。百姓でありつづけなければ、運命の研究はできないのです。しかし……です。最後の懇親会のとき、トラさんに近寄ってきて、こういった男性がいました。

「王さん……、もしかして、六爻占術を発見し開発している、あの王さんですよね……。身分を隠したってわかりますよ……」

トラさんは「同姓同名の人違いですよ……」とはいいませんでした。

二人は隅っこに移動して、マニアな話に花を咲かせていました。トラさんを見破ったこの男も、やはり百姓でした。

56 あるがままの自分――無意識な部分と意識の部分の融合

中国に「生まれ変わりの村」があることは書きました。そのなかに、前世と性別が変わった人がいました。つまり、前世は女性だったのに、現世では男性として生まれてきたというのです。

同じ魂なのに、男にも女にもなれるということです。私はこの話を聞いて、とても興味をもちました。魂に性別はないのでしょうか？

好奇心を抑えられなくなった私は、実験してみることにしました。つまり、思いきって女装して街に出てみたのです。しかし声は男です。物を買ったりすればすぐにバレて、後ろ指を指されます。

こんなバカな実験はやめようと思いました。そのとき、中国の能力者がいったのです。

「森田さんには女性の幽霊が憑いて女装を指導しています。観音様も元は男性でした。もう少し修行を続けてください」

しばらくすると副次的効果が起こりました。このとき、トラさんの六爻占術を始めていたのですが、株が占えるというのでニッセンの株を占いました。私がニッセンの株に興味をもったのは、この実験のとき、ニッセンの通販で女物の服を買ったからでした。その株価が半年で8倍にもなり、大儲けしたのです。

その後、いくつかの株でさらに儲けて、3500万円だった元手が5億円に膨らみました。そして、世田谷にキャッシュで家を買ったのです。

私が本格的に本を書くようになるのも、このころからです。

8倍にもなったニッセンの株価

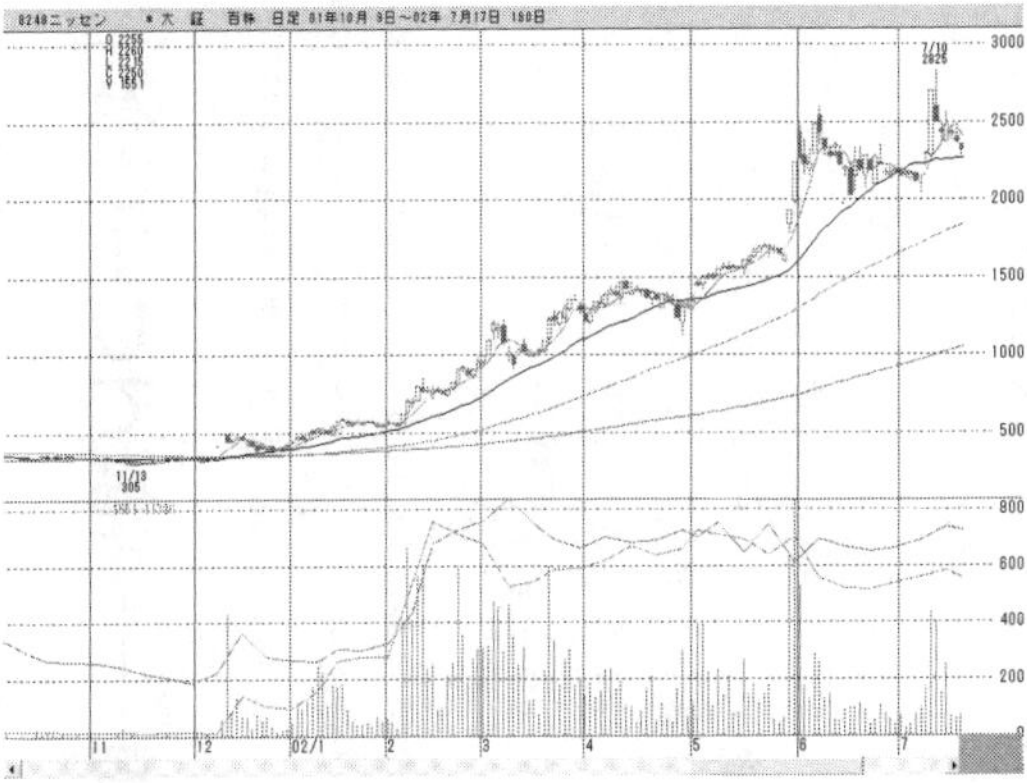

ところで、収穫はまだあります。それは、自分自身の肯定ということです。私はマッチョではありませんし、体毛も薄いほうです。性格にも少し女性的な部分があり、子供のころから自分があまり男らしくないことを気にしていました。男らしさにコンプレックスがあったのです。

ところが、この女装実験によって、無理をしてまで男を演じる必要はないことがわかりました。

自分の性別がたまたま男であることに、大した意味などないのです。

あるがままの自分を受け入れるきっかけにもなったのでした。これは私のなかで、無意識の部分と意識の部分が融合できたともいえます。

なお、女装はあくまで短期間の実験であり、今はやっておりませんので悪しからず。

57 為さずして為す――意識よりも無意識が大事

中国の不思議な旅でわかったこと、それをひとことでいえば「場」です。

中国のおみくじが当たるのも、場を制する人がそこにいるからでした。パンツの色占いが当たるのも、彼が場をコントロールしているからでした。

これはどういうことでしょうか？

西洋人にとっての人生とは、海に浮かんだ船のようなものだと思います。エンジンを動かし、目的地を決めて舵を切っていけば、目的地にたどり着きます。もちろん、行き先の設定は自由自在です。ここに「場」の考え方はありません。

一方、私が中国不思議紀行で出会った人たちにとっての人生とは、イカダによる川下りのようなものだと思います。イカダにエンジンはありません。動くのは水のほうです。この考え方が「場」なのです。

中国で生まれた宗教は、道教です。これは道（タオ）の教えという意味です。道教の開祖である老子は、無為自然にコトを行なわなければならないといいました。

言い換えれば「為さずして為す」です。意識よりも無意識が大事だということです。意識がハンドルだとすれば、ハンドルを手放すことなのです。

ハンドルを手放したら、行き先をコントロールできなくなるだけでなく、事故を起こして大変なことになるんじゃないか。

もしそうなら、西洋式に戻ります……とおっしゃる方が出てきそうです。そりゃあそうです。学校では西洋式のやり方を教えてきましたから。でも、それであなたには、ラッキーなことがどんどん起こったでしょうか？

もちろん、たまには起こったという人はいるでしょう。でも、どんどん起こったという人は少ないと思います。

だったら、ハンドルを手放すやり方も知っておくべきです。詳しくは後半でお話しするとして、そのさわりだけ触れます。

前項でも書いたように、無意識は未来を知っています。さらに無意識は、周囲に広がっています。

これを心理学者ユングは、集合無意識といいました。

ハンドルを手放した瞬間、あなたのまわりがあなたの味方になるのです。このことを私は「女神が味方になる」と呼んでいます。

中国の昔の絵には、絹の着物を着た女性たちがご主人の面倒を見ています。まさにあれです。

自分では何もせず、女神がすべてやってくれるのが「場」の考え方なのです。

58 超能力者に女性が多いのは、なぜ?

超能力者には女性が多いです。男性の超能力者がいたとしても、女性的な人が多いです。

この理由はなぜでしょう?

中国には陰陽五行の考え方があります。その法則で分類すると次のようになります。

外……………陽
内……………陰
肉体…………陽
魂……………陰
過去…………陽
未来…………陰
男性…………陽

女性……………陰
科学的なこと……陽
不思議なこと……陰
意識……………陽
無意識…………陰

これによれば、未来は陰で過去は陽です。未来から過去に時間は流れますので、現在という時間は、陰から陽に切り替わっている瞬間なのです。そして、未来を知るというのは陰の世界に通じないと、できないのです。

ここで男女の違いを考えてみましょう。女性は陰で男性は陽です。男性は外で働くことが多いので「外」は陽なのです。逆に女性は内を守るので「内」は陰です。

科学的なことは陽で、不思議なことは陰です。科学者に男性が多いのもうなずけます。これで超能力者に女性が多いのも理解できると思います。

無意識は陰で意識は陽です。女性は理屈抜きに行動するときが多いのは、このためでしょう。逆に、男性は意識で行動しますので、大義名分が必要なのです。

これからいえることは、運を上げることは、男女ともに自分の女性性を認めることだと思います。女性性は無意識の拡大に繋がり、無意識は未来を知っているからです。

59 中国に不思議現象が多いのは、なぜ?

中国では、いまだに陰暦を使っています。陰暦とは、月の満ち欠けの周期を1カ月とする暦のことです。一方、西欧諸国はグレゴリー暦を使っています。グレゴリー暦は、太陽を中心とした暦です。

前述の陰陽の区別からすれば、月は陰で太陽は陽です。つまり、中国は陰を大事にしているのです。これが中国に不思議現象の多い最大の理由だと思います。

また、中国には一神教の概念がほとんどありません。中国にもともとあった宗教は、前述したように道教です。開祖は老子で、道(タオ)の教えとして「無為自然」を広めました。

これを言い換えれば「為さずして為す」です。ものごとは無意識のなかで行なわれなければならない、ということです。

逆にいえば、意識でコントロールしてはいけないのです。これも陰の世界に通じることです。

第一次世界大戦のころ、ドイツのウイルヘルムという宣教師がチンタオ(青島)に派遣されました。25年間も中国で布教活動をしましたが、彼は変わっていました。

「私はひとりの伝道師として来たが、中国ではひとりも入信させなかった、そのことが自慢だ」といったのです。

実際には、クリスチャンになりたいといってくる人もいたそうです。しかし、彼は別の宣教師を紹介したのです。

なぜかといえば、彼は中国の伝統思想の研究に打ちこみ、それに惚れてしまったのです。孔子、老子、列子、荘子、孟子、礼記、易経などを独訳しました。もしも自分がキリスト教を布教すれば、この素晴らしい文化を消してしまうと思ったのです。

彼はドイツの敗戦とともに帰国します。ここで心理学者G・ユングに会い、易経の翻訳版を渡します。ユングはウイルヘルムが持ち帰った占いの研究をし、それがあまりにもよく当たるので、シンクロニシティという説を発表します。さらに、集合無意識といった概念も発表します。

つまり、それまでヨーロッパには、陰の概念を肯定した世界観がなかったのです。

日本はどうでしょうか？

西欧化してグレゴリー暦も使っています。しかし、あいさつを交わすとき、次のようにいいませんか？

「最近どうですか？」

「お陰様でなんとか……」

この「お陰様」は、相手に対していっているのではないときが多いです。それは陰の世界に対してお礼をいっているのだと思います。

だとすれば、日本も捨てたものではないと思います。

PART6

「六爻《ろっこう》占術」で必ず運命は好転できる！

60 運命は自分自身では変えられない!?

学校に通っていたころ「将来何になるの?」と聞かれ、その目標を書かされたりしました。書店に行けば、自己啓発本がたくさんあります。『やればできる』『運命は自分で切り開くもの』『引き寄せの法則』などと書かれた本がひしめいています。夢を実現するというのが、人間の持って生まれた使命だといわんばかりです。

でも、これを読んでいるあなた、それで疲れませんでしたか?

つい最近、私の書いた本の書評にこんなのがありました。

「頑張りすぎて、ちょっとお疲れの方にお勧めしたい本です」

そうなのです。私の書く本は、頑張っている最中の人には不向きなのです。

私の研究によれば、運命は変えることができます。ただし、自分自身の内面で変えるのではなく、置物を置いたり携帯ストラップをつけたりして変えるのです。

具体的な例はこの章の後半でたくさん出てきますが、それらはすべて自分自身の力で変えるのではないのです。

最新の脳科学によれば、意識は無意識よりも0・5秒遅いそうです。つまり、無意識は考えるよりも先に行動しているのです。車を運転していて急に飛び出しに遭ったとき、瞬間的にブレーキを踏むのは無意識のなせる技です。そして、あらゆる場面で無意識が先だというのが、すでに実験時に証明されつつあるのです。

では、意識は何をするかといえば、取った行動に対して言い訳を考える役目だそうです。だから、ランチでサンマの塩焼き定食にするか、麻婆豆腐定食にするか迷ったとき、決めるのは意識ではなく無意識なのです。そして、サンマ定食が選ばれた場合、「秋だし、サンマに脂がのっているからな」とかなんとか理由を考え出すのが意識の役目だそうです。これは当たっていると思いませんか？　だって、無意識がＯＫを出さないことをしたとすれば、本当にイヤイヤすることになると思うからです。

「オレは好きでやってんじゃねえ」とかいう人がいますが、そのセリフをいいたくてやっているのだと思います。だとすれば、運命に対して選択の余地はなくなることになります。でも、そのとき運命変更のための携帯ストラップをつけていると、サンマ定食を頼もうと思った瞬間、隣の人がうまそうに麻婆豆腐定食を食べているのが目に入り、「私にもあれをください」といいます。

しかし、運んできたウエイトレスが転んで、あなたの服に麻婆豆腐をぶっかけてしまいます。サンマにしておけばよかったと思いながらも、あなたは怒って店を飛び出しますが、そこにダンプカーが突っこんできて店は大破します。あなたは命拾いをします。

何をいいたいかといえば、運命変更は間接的なのです。直接自分で変えることはできないのです。

61」好奇心がいちばん刺激されることをすると未来が開く

「好きなことをやりなさい」といわれることは多いです。

しかし、見知らぬ土地で友人に会い、何かを食べる段になったとき、その人から、

「森田さん、何が好きですか？」

と聞かれると、答えたくない気持ちになります。

なぜなら、その土地の見知らぬ料理を食べてみたいからです。

日本人は、意思決定が下手《へた》な民族だと批判されます。食事の際、メニューひとつ決めるのにも「何でもよいですよ」などというのが日本人なのです——と。それにくらべると、外国人はどこに行っても、ちゃんと自分の「好み」をもっているそうです。それにできるだけ合うようなモノを選ぼうとして、ウエイトレスに根掘り葉掘り聞き出します。

主体性のないのが日本人で、自分の考えをちゃんともっているのが外国人……というパ

ターンらしいのです。

さて、「好きなことをやりなさい」といわれて、私は今の不思議研究所の活動を選ぶでしょうか？

好きなことといえば……、

・ハワイみたいな南国のプールサイドでうたた寝をする
・足の裏マッサージをしてもらう
・ハーゲンダッツを1／3だけ食べる
・美味しいコーヒーを飲む

ちょっとあげてみましたが、ひとつの共通項がありました。それはみんな「一時的なこと」なのです。

ある心理学者が、こんな実験をしたそうです。

マウス（コンピュータのマウスではなくてネズミ君のこと）に快楽を誘発する物質を与えるという実験です。与えるものはコカイン、覚醒剤、アルコール、ニコチンです。そのなかでは、コカインがダントツ1位。でも、面白いのはそのあとからです。

飼育カゴのなかにはレバーがあり、それを3時間もギッタンバッタンしないとコカインが落ちてこないようにします。

でも、マウス君はレバーをギッタンバッタン押しつづけます。コカインが欲しいからです。で、コカインの量を調整して、一瞬だけ快楽が走るようにします。なんと「一瞬」が短ければ短いほど、マウス君は頑張るのです。

うーん。快楽が長続きすると、あまり欲しくはなくなるのです。

次に、コカインを与えるのをやめます。それでもマウス君は押しつづけます。心理学者はこのとき、あることに気がつきました。それは「渇望」です。マウス君の原動力は「渇望」だったのです。この「渇望」は、結果である「快楽」とは切り離されています。しかも、快楽は短ければ短いほど、よいのです。

セックスの「イクとき」が3時間も続いたら、あれほど求めないのかもしれません。そうなると、「好きなこと」というのは、自分をだます行為ではないでしょうか。

不思議研究所の活動は、今の私にとってはご飯のようなものです。ご飯が好きかと聞かれると、とても困ります。エビフライとかだったら答えられそうですが……。

でも、エビフライはたまに食べるから、「好き」の対象に入るのです。ご飯は好きの対象外だから、毎日食べられるのです。

同様に、自分の生活を振り返ってみれば、惰性でやっていることばかりです。それはご飯と同じです。毎日「好きか嫌いか」などと問いを発していたら、ご飯を美味しく食べられません。

冒頭に書きましたように、「好きなことをやりなさい」といわれることは多いですが、それに「はい」と答える人がいます。

その人は、それが本当に好きなのでしょうか？　なぜこれほど「好き」にこだわるのでしょうか……。「好き」にならなければ、罪悪のようです。

でも世の中の大半の人は、毎日の仕事を「好きでやっているわけではない」と思います。

そんなふうに思えば、続きません。

ところで、好きは過去、好奇心は未来……だと思いませんか？

選択したことのまったくないものを選ぶとき、「好き」が出るわけはありません。

そう考えると、「好き」は、固定された運命を、より固定する方向に働くと思います。

「好き」とは関係なく、好奇心をいちばん刺激されることをするのが、未来を開くのです。

62 考古学者トラさんと「六爻占術」との出会い

トラさんは、考古学研究所に勤務していました。ですから、そこには占いに関する考古学の文献もたくさんありました。

でも、普通の職員は、ただ資料として保存するだけです。それを研究する人はいません。そういうものに興味をもっている人もいません。さらに、読んでも意味はわかりません。

トラさんは何かひっかかるものを感じたので、たくさんの資料を集めて、占い関係の古い書物も読んで、しだいに知識を集めることができました。すると、出土した資料でもだんだんわかるようになってきたのです。

資料は、たとえば亀の甲羅です。6000年以上前のものは、亀の甲羅に書かれていたのです。

次は竹に書かれたものです。彼の地方では、竹に書いて記録していたのです。

それから、天を祭るときはよく占いをして、記録したものを全部、墓のなかに入れます。古い墓から出土したものをトラさんは研究しました。

1995年のことです。トラさんは、簡単に占うことができるようになっていました。

そこで、本当に当たるかどうかを試してみたくなりました。けれど、トラさんは占い師として有名ではないので、相談者から頼まれることはありません。それで研究所の同僚たちに向かって「悩みはないか？」と聞きました。

すると、ひとりが手を上げたのです。

彼は学生時代、クラスメートと2年間付き合い、卒業しても1年付き合っていて、「自

トラさんが研究した古文書

分は彼女と結婚できるか」と聞いてきました。

彼はトラさんの前で、3枚のコインを6回振りました。

それをもとにトラさんは「卦《け》」というものをつくりました。卦は八卦《はっけ》の意味です。陰陽五行を数式にしたようなものです。

卦を見てトラさんは判断しました。

「結婚できません。1週間後に別れるでしょう」

といいました。

同僚は信じませんでした。

それだけではなく、彼は「トラさんの占いは当たらない」といいふらしました。

しかし1週間後、彼は本当に振られてしまったのです。

63 たったコイン3枚で、なぜ運命が好転する?

コインには裏と表があります。裏は陰で未来を表わします。逆に表は陽で過去を表わします。私たちは未来を知りたいわけですから、コインを3枚投げたとき、裏の数をカウントします。これを6回行ないます。

3枚そろったとき、それはコトが起こることを表わします。

私がニッセンの株を占ったとき、5回めに投げたコインが3枚そろいました。卦に直してみると、それは大幅に上がることを示していました。上がりはじめる日は、月が替わる日と出ました。

当時、私は3000万円の定期貯金をもっていましたが全部解約して、その株を買いました。それだけではなく、妻の貯金も内緒で解約しました(あとからバレて怒られます)。

しかし、会社四季報を見ると、ニッセンは当時減収減益で、来期も期待はできないと書かれていました。

月替わりの日、いつものように会社に出勤して株価を見たら、値がついていません。一瞬、会社がつぶれたかと焦りました。でも、よく見れば買いが多く入りすぎて値がつかな

ニッセンの株を買った記録

2001/11/12	ニッセン	買付	500	325		163,897
2001/11/12	ニッセン	買付	900	320		290,476
2001/11/12	ニッセン	買付	2,000	328		661,641
2001/11/09	ニッセン	買付	100	320		32,241
2001/11/09	ニッセン	買付	100	325		32,745
2001/11/09	ニッセン	買付	300	320		96,726
2001/11/09	ニッセン	買付	500	320		161,210
2001/11/09	ニッセン	買付	500	320		161,210
2001/11/09	ニッセン	買付	500	320		161,210
2001/11/09	ニッセン	買付	500	321		161,714
2001/11/09	ニッセン	買付	500	328		165,241
2001/11/09	ニッセン	買付	600	328		198,309
2001/11/09	ニッセン	買付	900	320		290,179
2001/11/09	ニッセン	買付	1,000	319		321,414
2001/11/09	ニッセン	買付	1,000	319		321,414
2001/11/09	ニッセン	買付	1,000	319		321,414
2001/11/09	ニッセン	買付	1,000	319		321,414
2001/11/09	ニッセン	買付	1,000	320		322,422
2001/11/09	ニッセン	買付	1,000	320		322,422
2001/11/09	ニッセン	買付	1,000	320		322,422
2001/11/09	ニッセン	買付	1,000	320		322,422

かったのです。

ネットのニュースを見ると、利益が5倍になるという発表がされていました。

その日から株価はウナギ昇りに上昇を始め、305円だった株価は半年で2000円を超えました。6・5倍です。

その後、いくつかの銘柄にも投資して、2年後に私の資金は5億円に膨らみました。そのお金で東京の下北沢に土地を買い、家を建てました。

ある日、証券会社の担当課長が飛んできました。私のパフォーマンス（資金運用成果）が証券会社で1位だったそうなのです。

私がある株に買いを入れると、それには「森田銘柄」という名前がつけられていたそうです。私がコンピュータソフトの会社を経営していることは知られていたので、どんなソフトを使っているのかと聞かれました。コイン3枚を使った占いで売り買いしているといったら、課長は本当に驚いていました。

もちろん、コンピュータでチャートをつくり、株価を予測する方法もありますが、それはあくまで過去の動きを知るものです。

コインを使う占いは、未来を直接見に行きます。減収減益であろうが、来期も期待できないという予測が出ていようが、過去をもとにした情報には感知しません。あくまで未来がどうなるかを知らせてくれるのが、コイン3枚の占いなのです。

これで自分の未来が好転しないわけはないでしょう。だって、上がる運に乗ればいいだけの話ですから。

64 「運が強い」とは、どういうこと？

たとえば、駅まで全力で走っていったのに、数秒の差で電車が出てしまったとき、運が悪いといいます。乗り遅れることはわかっているのでゆっくり歩いていったら、電車も遅れていて問題なく乗れたとき、運がいいといいます。

運がいいとか悪いというのは、偶然に起こったことを指すのだと思います。

それに対して運が強いとか弱いというのは、チャンスをどのくらいモノにできるかどうかだと思います。

たとえば、入学試験で競争率が20倍だったとしましょう。そして本人はあまり勉強ができなかったとします。でも、試験日前に山を賭けた部分が丸々出て合格したとすれば、「彼は運が強い」というでしょう。

ここでも、偶然性が関係してきます。なぜなら、賭けの部分が否定できないからです。

だって普通、未来はわからないのですから。

ところで未来がわかったとしても、運の強さ、弱さは、あるような気がします。たとえば、私のニッセン株もそうです。

私はホームページに占いの判断結果を公開しながら、ニッセン株を買っていました。見ていた人は1日1万人以上いましたが、私に相乗りしてニッセン株を買った人は、ほとんどいません。私が知っている限り20人くらいです。ニッセン株は100株から買うことができるので、当時300円の株価なら3万円から参加することができたのにです。さらに1000万円以上つぎこんだ人は、誰もいなかったと思います。

3万円つぎこんだ人は、半年後に19万5000円になり、儲けは16万5000円です。30万円なら195万円になっていて、儲けは165万円です。1000万円買えば6500万円になっていて、儲けは5500万円です。

そこに私は、全財産の3500万円を賭けたのです。

しかし、私は運が強いとは思っていません。なぜなら、トラさんから六爻占術の精度の高さを教わっていたからです。

けれども、私は「運がいい」と思っています。それはトラさんを通じて六爻占術という占いに出会っていたからです。

「六爻占術」という名前を商標登録しようとして特許庁に申請したところ、ちゃんと取れました。

つまり、今まで日本にはなかった占いに、初めて出会ったのです。

65 六爻占術と風水の絶妙な関係――1

風水は固定的なものではなく、変わるのです。

まず、私は2002年3月に自分の家の風水を知りたくて、コインを振りました。トラさんは卦を見ていいました。

「家は大きいです。財運をもたらします。家の近くの道路で工事が多いです。下水管が曲がっています。なので下水道関係の被害が発生します」

当たっています。

道路工事が頻繁にありました。それは家の前のマンホールがNTTの回線ターミナルだったからです。

土地を買って新築したとき、その大規模な工事のために、妻と子供は1カ月も実家に避難したほどです。

また、下水道の件にはびっくりしました。家はそのために大変な目にあったからです。下水管が曲がっていて、汚水が飛び出してきたのです。業者を呼んで下水管をまっすぐにしてもらいました。

さて、次は2002年7月6日に、同じ家ですが、風水が変わったかもしれないと思い、コインを振りました。トラさんはまた判断しました。

「財運がさらに上がっています。安全運も上がっています。よい家になったことを表わしています」

以上のように、下水道工事をしたことにより、わが家は改善されたのです。

次はリフォームの計画があるので、それを思ってコインを振りました。

さっそくトラさんの判断です。

「卦にはリフォームの情報が出ています。お金がかかります。でも、リフォームすれば財運はもっとよくなります。いろいろな悩みも少なくなります」

というわけで、リフォームも吉です。これでわかるように、未来の風水もコインでわかるのです。

でも、わが家では、家そのものの建て替え案もありました。それを思ってコインを振りました。私が判断すると、建て替えが原因で家族に病気が出ることがわかり、建て替えはやめました。

その卦をトラさんに見せると
「建て替えをすると、せっかくよい風水が全部なくなるところでした。森田さんの判断は正しかったです」

といわれました。

このように、風水はまるで生きもののように変わるのです。

しかも風水は、住む人によって違うそうです。ある人にとってはよくなくても、ある人にとってはよいそうです。

ですので、当人がコインを振ってみないとわからないそうです。

66 六爻占術と風水の絶妙な関係——2

その後、株で儲けたお金で近所に土地を買い、家を建てることになりました。まずはコインを振りました。

私は自分で判断しました。

「家は来年できます。安全な家です。財運がよいです。家そのものは黄色に塗るともっと財運が上がります。土台は青にすれば健康運が上がります」

これをトラさんに送ると「森田さんの判断が正しいです」という答えが返ってきました。

さて、その半年後、私は面相師の史さんに会いました。彼は風水の専門家でもありますが、最近トラさんの弟子になり、六爻占術の勉強も始めました。

史さんはいいました。

「森田さんの財運は『水』がキーです。井戸をつくるとか、土台を青にするとかすれば抜群です」

「えっ、井戸はすでに掘りました。水がどんどん湧き上がってきました」

「それはよいことです」

「ここに新居の設計図がありますから、詳しく見てください」

彼は設計図と私の顔を見比べながらいいました。

「玄関の位置も、キッチンの位置も、庭も、道に対する家の配置も、すべて完璧です。これで見れば、2008年に多少の財運の落ちこみがあるものの、この家に住むことで森田さんは一生涯、よい運に恵まれます。運全体が底上げされます。すごいです。なぜここまで完璧な家を設計できたのですか？」

「それはあなたも始めた六爻占術です。家ができる前に風水を知ることができますから」

東側に立てたポール

土台も変えた

「おお、やっぱり六爻占術ですか。私もトラさんについて、早く習得しないと」

「改善する点は何もないですか？」

彼はまた設計図をじっと見ました。そして、いいました。

「北と東を高くしてください。簡単な物をつけるだけでOKです」

「北にはテレビのアンテナをつけます。東は単にポールでも立てます」

「それで100％完璧です」

ここで、あなたにアドバイスします。意味のないポールでもよいので東を高くしてください。そんな工事ができない人は、竹を東に植えるだけでよいです。あなたの運が上がります。鉢植えの竹でもよいのです。マンションなら、部屋のなかから玄関に向かって左です。左は青龍という場所なので、いちばんよいのです。そして、竹はたとえ短くても上に伸びるエネルギーをもっているからよいのです。

67 未来の情報を予知すれば運命を変えられる？

これは古代の例です。出発の時間を延ばしたお陰で助かった事例です。

ある人はお金を貸した人がなかなか返してくれないので、川を渡って催促に行くつもりでした。でも、行く前に占い師のところに行って返してくれるかを占ってもらいました。

彼は占い師の前でコインを振りました。その卦を見て占い師はいいました。

「今まで数回催促してもお金を返してくれなかったでしょう。今日は相手を殴ってでも返してもらうつもりでしょう？」

「はい、その覚悟です。だから、どうしても行かなければなりません」

「けれど、今行ってはなりません」

「なぜですか？」

「あなたに危険がおよびます」

「そんなことはわかっています。殴れば殴り返してくるかもしれません。それでも今日はどうしても行かなければなりません。では行きます」

「ちょっと待ってください」

「なぜですか？」

「とにかく待ってください」

「いやです。すぐに行きます」

「じゃあ、ここで食事をしていってください」

「いらないです。すぐ出かけます」

「ほら今、家内がスープを持ってきましたよ。せっかくだから食べていきなさい」

「じゃあ……」

そういって、彼は占い師の家で食事をしました。

食事が終わると、彼は川の渡し場に行きましたが、また急いで戻ってきました。占い師に命を救ってもらったお礼をいうためでした。

4艘の船が川を渡ったのですが、みな突風に吹き飛ばされて沈没してしまったのです。船に乗った人は、全員死亡して死体となって川面に漂っていました。あのまますぐ出かけていれば、彼もそのなかのひとりになっていたに違いありません。

占い師は、コインの卦から船が沈むことはわかっていました。彼を助けるためには、出発の時間を遅らせなければなりません。

しかし、船など滅多に沈むものではありませんし、彼は相手を殴ってでもお金を返してもらうつもりでいます。本当のことをいっても信用されず、占い師の家を飛び出して船に乗ってしまうかもしれません。そこで、食事をつくれば引き留めることができるかもしれないと考えたのです。

つまり、未来がわかれば、あとはそれをどうやって変えればいいかを考えればよいのです。

68 コインを振らなくても未来は予知できる？

コインを振らなくても未来はわかります。

トラさんの例です。料理屋の店長がトラさんに占ってもらいたいといってきました。彼の事務室に入ると、ポットを持って浄水器から水を取りながら、彼はいいました。

「私の今年の金運について占ってください」

見れば浄水器の上のタンクに水が少なくなっていました。占いの世界では、「水」は金運関係を意味します。タンクは水を溜めるもので、なかの水は彼の貯金に相当します。タンクの水が少ないということは、貯金が多くはないということです。彼は水を取っているので、どんどん減っていきます。ということは、今年の金運は悪くて、出費が多く、お金が出ていくばかりだということです。

トラさんが以上のことを告げると、実際の状況に当たっているとのことでした。これを「外応《がいおう》」による判断といいます。まわりの状況から判断するやり方です。

しかし、彼はやはりコインを振って判断してもらいたいのです。ところが、机に近づいたとき、コインをうっかり全部床に落としてしまいました。

料理店の浄水器

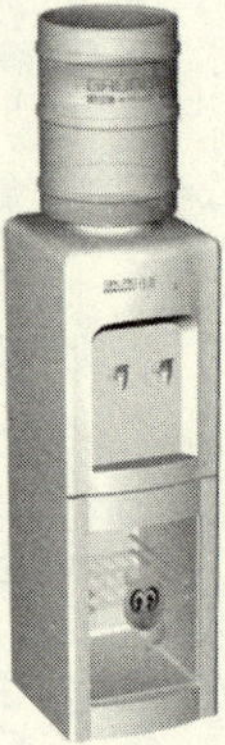

これも同じことを意味します。先の判断と同じで、今年の金運が悪くて、お金の損が出るのです。

ある日、トラさんは印堂(眉間)に赤い色があるといわれました。鏡を見たら、本当に赤くなっていました。面相ではこれを気色といいます。赤い色はよくない色で、口争いとか散財の情報になります。

その日、トラさんの鞄に入れた保温ポットからお湯が漏れて、デジカメを壊してしまいました。

気色を見るというのは、難しいことではありません。ほとんどの人は見えるものです。色の濃さ、多少の形によって意味が違います。

北京で、トラさんの弟子の顔にたくさんの赤い色が現われました。これを見て大金が出ていくと判断したら、高級車を買う予定だということでした。

ある相談者は、子供宮（両目の下）に縦の細長い紅色が出ました。それで「子供のために2000元出ていく」と判断したら、相手は「そんな計画はない」と答えました。

しかし、10分後、保険会社から電話が入り、「お子さんの保険料を払ってください。もう期限ですよ」といわれました。

費用はちょうど2000元でした。相談者は面相による占いに、びっくりしました。

69 六爻占術の卦には相談者が隠したい秘密も現われる

トラさんのところに、ある女性が相談に来ました。1961年の生まれで、夫との縁を占いに来たのです。トラさんはいいました。

「卦から見れば、夫との仲はよくありません。夫がいてもいないのと同じでしょう。そして1984年に結婚したでしょう」

これらの判断は当たっていました。この卦は、彼女の情報がよく取れていることがわかったので、トラさんは自信をもって判断を続けました。

「卦には流産という情報も出ています。しかも、流産したことが1度ではありません」

彼女は答えました。

「はい、2回流産しました」

「夫はまだあなたを愛していますが、実際には愛する行為をしていません。夫と何回も口争いが起こって、夫と離婚したいです。しかし、夫はあなたと別れたくないので、離婚を回避しようとしています」

「はい、そのとおりです」

相談者は美人ですが、エッチな人だということが卦には出ていました。トラさんはいいました。

「もうひとり、別の男性が現われたのでしょう。その原因を判断してみると、夫はインポテンツで、あなたは夫と離婚したいのでしょう」

彼女は夫の病気は認めましたが、密会君をもっていることは否定しました。そして、いつ離婚できるかということに絞って判断してほしい、といいました。

そこでトラさんはいいました。

「私の判断が間違っていれば、占いは以上にします」

トラさんが占いをやめようとする素振りをみせると、彼女はイライラした顔をして、

「実は密会とはいえなくて、そんなに親しく付き合っていません。あの人は私をアタック

していたけれど」

といいました。トラさんはわざとわからないふりをして、

「どの人」

と聞き返しました。

「先ほど話題に出た男性ですよ」

と彼女はやっとトラさんの判断を認めました。そこで、トラさんは占いの判断を続けました。

「離婚するのは12月でしょう。裁判所を通して離婚するでしょう」

結局、判断したとおり、12月に裁判所を通して離婚しました。

70 六爻占術の驚異を実証した射覆ゲーム

占いの達人のあいだで、たまに行なわれる射覆というゲームがあります。覆われたものの中身を射るということで、たとえばふたがついた湯飲みのなかに何か物を入れて、それを当てるというゲームです。ふたはいつか開きます。占いで未来がわかるのなら、なかに何が入っているかもわかるはずです。

河南省というところは、中国の占いの発祥地です。私とトラさんが行くと、占いの達人が豪華なスイートルームをプレゼントしてくれました。寝室がふたつ別々にあり、真ん中に大きな応接室がありました。そこで射覆をやろうということになりました。

メンバーは私を入れて7人です。六爻占術が私とトラさんを入れて4人、奇門遁甲《きもんとんこう》という占いがふたり、六壬《むぶ》という占いがひとりです。

ホテルの女性に来てもらい、湯飲みを用意させて、別の部屋でなかに何かを入れてきてもらいました。

麻雀をする小さな部屋があり、六爻占術の人たちは、かわるがわるそこに行ってコインを振ってきました。私も振りました。

みんな真剣に卦を判断しています。そのとき、ひとりがいいました。

「湯飲みのなかには航空チケットか領収書が入っています。折りたたんであるはずです」

もうひとりがいいました。

「両端が細長い、糸みたいなものが入っているでしょう」

別の達人がいいました。

「中身は鍵です」

また別の人がいいました。

射覆ゲームで器の中身を当てる

みんな真剣に卦を占う

「いや、ネックレスか印鑑でしょう」

さらに別の人がいいました。

「中空になっています。真ん中に何か入れることができます。そうですね、赤いプラスティックのびんです」

最後の達人がいいました。

「なかは丸いです。表面は四角です。ふたつのものの合成です。穴があって動いています」

皆は私の顔を見ました。残っているのは私だけでした。私は卦を見つめながらいいました。

「湯飲みのなかに入っているのは病気に関係するものです。口に入れるものです。固形物です。ということは薬です。色は白です」

湯飲みを開けると、なかにはパッケージで覆われた白い薬が入っていました。私は拍手喝采を浴びました。

射覆は結果がすぐにわかります。しかも、恋愛相談などのように主観的な気持ちの問題というのはなく、きわめて客観的です。

ところで、射覆ができる占いは限られています。誕生日占いや手相占いなどはダメです。それらはピンポイントの占いができないからです。

私が当てたことで、師匠のトラさんは鼻高々でした。六爻占術の素晴らしさを証明できたからです。

71 コインと同様の卦は、その場の「外応」にも現われる

射覆の続きです。

実は、トラさんは最初に答えていました。みんなが真剣に考えているあいだ、トラさんはコインを振らずにブラブラしていました。そのとき、突然ドアが開いて、トラさんの弟子の男性が入ってきました。

トラさんは思ったそうです。

「みんなが一生懸命考えているところに、突然入ってくれば邪魔になる。『場』を破ったということだ。でも、それでもみんなは一生懸命自分のことを考えている。これは外応になるに違いない」

つまり、弟子が突然入ってきたことは、湯飲みのなかに隠されたものを教えようとしていると……。

その弟子は自分の靴を脱いで、履き替えるものを探していました。そしてホテルのスリ

射覆のときコインを振らないトラさん（左端）

ッパを拾って、それを履きました。トラさんは、それを外応としました。

スリッパはプラスティックのケースに入っていました。スリッパの色は白でした。それでトラさんは、みんなにいいました。

「湯飲みのなかのものは、表面がプラスティックのようなツルツルしたものに包まれているでしょう。そして、そのなかには白いものがあります」

トラさんは誰よりも早く答えました。薬だとは答えていませんが、形状はほとんど当たっています。

でも、弟子は偶然に入ってきたのではないでしょうか？

湯飲みのなかのものをトラさんに教えるために、わざわざ遅刻したのでしょうか？

彼は、本当は遅刻しないで来たかったそうです。でも、仕事がなかなか終わらなくてすぐに来ることができなかったのです。

ということは、わざわざ射覆のために、彼は遅刻させられて、靴を脱ぎ、スリッパをケースから取り出して履いたのでしょうか？

時空が、トラさんにそれを当てさせるために彼を派遣したとしか思えません。そうなると、彼の自由意思はどこに行ってしまうのでしょうか？

ところで、トラさんは六爻占術において中国一です。そのトラさんがコインを振らない世界に入ったのです。

剣の達人が剣を捨てたようなものです。それでもここまで当たるのです。外応は本当に不思議です。

72 六爻占術の「変更」で不妊症の親戚に子供が誕生した！

前に簡単に触れたことですが、ここでは詳しく述べます。

親戚の夫婦のあいだに離婚問題が持ち上がりました。産婦人科を何軒も回りましたが、夫の側に問題があり、治療も無理で、子供をもつのは諦めろといわれました。見合い結婚

だったこともあり、離婚問題まで浮上したのです。私は夫婦にそれぞれコインを振っても
らいましたが、両方ともよくない卦でした。
妻が振った卦では、原神が退神していました。原神とは味方になってくれる神様のこと
です。
実際に神がいるかどうかはわかりませんが、六爻占術では神に置き換えた単語を使って
判断するのです。退神とは神様が退くことです。ハッキリいってアウトです。
夫のは、原神が回頭剋でした。回頭剋とは味方になってくれるべき神様が何かに邪魔さ
れることです。つまり、夫婦そろってかなり悪い卦です。
夫婦の卦の悪いところを両方バッチリと改善する方法は、私には見つかりませんでした。
そこで、トラさんに相談しました。
「どちらか一方なら改善できると思うのですが」
という私の問いに対して、トラさんはいいました。
「妻のほうを主に変更したほうがよいです」
しかし、問題があるのは妻ではなく、夫のほうです。でもいわれたとおり、妻の側の卦
で改善を試みました。
原神を退神させないように、羊の携帯ストラップをつけさせました。そして、それをす

不妊症だったのに子供を授かった

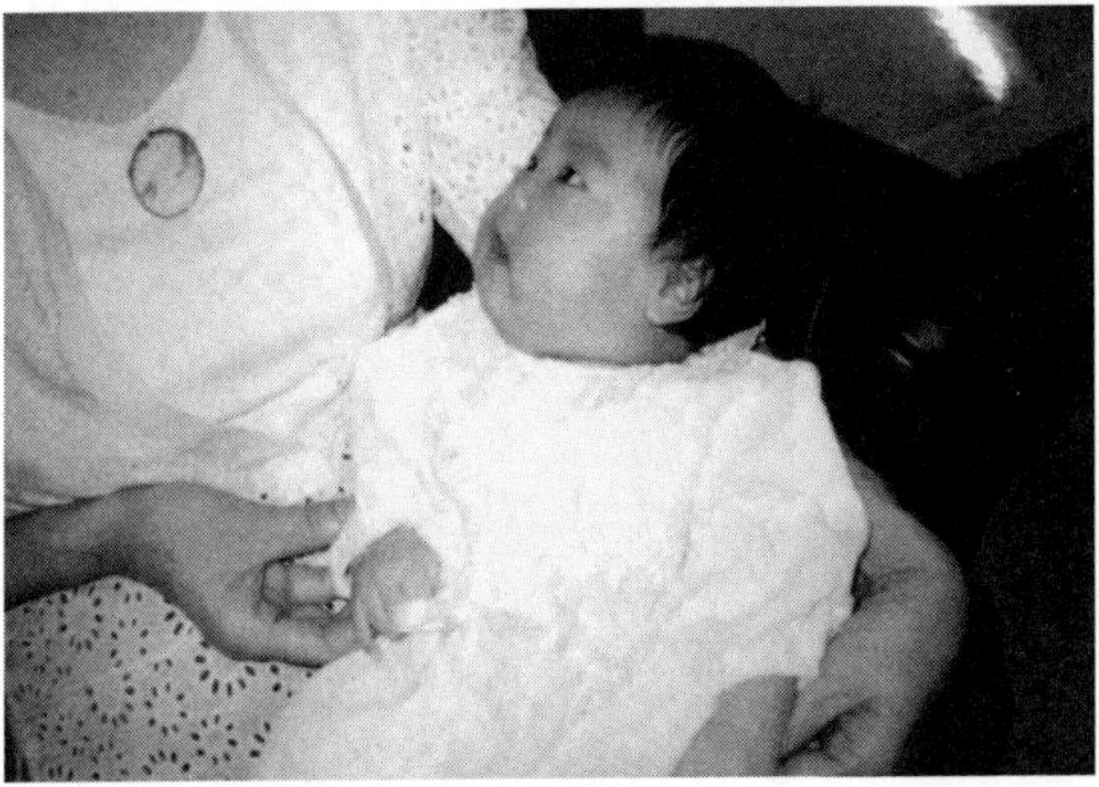

るのは妻のほうです。

すると、3カ月もしないのに妊娠しました。

病院は、

「こんなことはまったくありえないことだ」

といいました。妻の両親は小さな羊に向かって、両手を合わせてお礼をいったそうです。

トラさんは、

「羊の携帯ストラップは、子供が生まれるまで持っていなさい」

といいました。彼女は、陣痛が始まり病院に向かったときも、羊を持っていくことを忘れませんでした。

羊を握りしめていた手に力が入った瞬間、彼女は一児の母となりました。

73 「変更」で、従来の運命にはない運命に突入

不妊で悩んでいた彼女がまだ幼稚園に通っていたころ、一緒に屋外スケートリンクに行きました。スケートをするのが初めてという彼女に、私は彼女の両手を持ち、バックで滑りながらスケートを教えました。

お腹がすいたので彼女をリンクの脇のベンチに休ませ、私はリンクの向こう側にある屋台に、フランクフルト・ソーセージを買いに行きました。

ケチャップとマスタードをたっぷりとつけたフランクフルトを1本ずつ持ち、スケートしながら彼女のもとに戻りました。

「ケンちゃんおじさんはすごいんだよ。両手に持ってスケートして戻ってきたんだよ」

彼女はあとで、両親に何度もこういったそうです。

そして、もう一度私とスケートに行きたいといっていました。

でも私が富士通を辞め、独立して忙しくなり、それも叶いませんでした。

彼女は大学を出て、スチュワーデスになりました。そして幸せな結婚式を迎えました。

その直後でした。

まだ未来を知らない、ふたり

子供をもつことはできない、と宣言されたのは……。

「こんちくしょう……時空の好きにはさせないぞ……」

携帯ストラップは、不思議研究所がつくった試作品第1号です。それが彼女のもとに出荷されました。それを強く握りしめて、彼女は陣痛にも耐えました。

実は卦を見たとき、私はつぶやきました。

「いける……」

その直感は、どこから来たのかわかりません。

まるで時空から、

「さあ、やってくれ」

といわれているように感じたのです。

さて、従来の四柱推命で、私の親戚の女性

を判断してもらいました。

妊娠できたのはもともとの運命だったのか、それとも変更できたのか、私は興味がありました。

命式を見ながら、占い師はいいました。

「この女性は動くのが好きで、1カ所にはいられません。職業は乗り物関係です」

「当たりです。スチュワーデスです」

「学業が良く、大学を出ています」

「はい」

「重要なことを決めるときには協力者がいます」

「私かもしれません」

「今年は仕事中に言い争いがあります」

「外れています。すでに停職しています」

「夫婦の仲には今年不和が出ます。そして別の男性と密会するようになります」

「不和はなくなりました。子育てで密会どころではありません」

ここで私は聞きました。

「彼女には子供が生まれますか？」

「生まれます。ですが再婚してから2年後です」

この判断によれば、現時点では子供は生まれてはいなかったのです。

その後、盲師派推命占術による段さんの判断も得ることができました。

「この夫婦は子供がもてず、今年から不和が起こり、新しい男性が出て、彼女は今の彼とは離婚し、新しい男性と結婚して子供をもつはずでした。だから六爻占術の運命変更は成功したと思います」

彼女は、従来の運命にはない運命に突入したのです。

74 原因が結果を変えるのではなく、結果が原因を変えた

親戚に子供ができないのは、お嫁さんの側ではなく、お婿《むこ》さんの側の問題だったはずです。

私はトラさんの指示で、お嫁さんの側の運命を変えるグッズをつけさせました。それはお婿さんの病気を治すキーではありませんでした。

そのとき、私は迷いました。原因に近い側なら、お婿さんの側を改善すべきです。

しかし驚くべきことに、彼女（妻）の側の運命変更をしたことで、自動的に夫の体も治

ったのです。

ここで私の根本思想が、ぐらぐらと崩れました。

今までは「原因の世界を変えれば、結果の世界は変わる」といってきたからです。原因の世界を探るのが、私のこれまでの旅でした。

そういう本も出しました（『「私は結果」原因の世界への旅』）。

しかしよく考えてみれば、原因の世界をたどることはできるのでしょうか？

たとえば、誰かさんの金運が悪かったとします。

それは会社が不景気だからでしょう。会社がなぜ不景気かといえば、社長の能力がないからかもしれません。その会社の社員である彼が、金運をよくしようと思ったとき、何をすればよいでしょうか？

原因は、意外にわからないのではないかと思います。

そして、「原因の世界を変えれば、結果の世界は変わる」ではなかったのかもしれません。いや、まったく逆だったのです。

結果であるはずのお嫁さんが携帯ストラップを持つことで、原因であるはずのお婿さんの不具合は、治ってしまったのです。

つまり……。

結果が原因を変えた……のです。

彼の側を治したとしても、ただそれだけで終わってしまい、子供は生まれなかったかもしれません。

75 運命の分岐点を知ることで、運命変更に成功

息子が大学に落ちて、将来のことを占ってもらいにトラさんのところに来たお父さんがいました。お父さんはコインを振りました。それを見てトラさんはいいました。

「明日の朝5時に大学に行ってください。そうすれば息子さんは受かります」

しかし、お父さんは言い返します。

「すでに息子は落ちたのです。5時に行ってどうしろっていうのですか。大学構内に誰もいないでしょう。行っても無意味です」

「毎日5時に行けとはいっていません。実は私も、自分の判断に興味があります。コインの伝えていることが正しければ、息子さんは本当に受かります。その理由が知りたいのです」

「そうですか、そこまでいうのなら行ってみましょう」

お父さんは、朝4時50分に大学に行きました。門が閉まっているので、そこで待ちました。すると、5時に昔の同級生が来ました。彼は、そこの大学の教授になっていました。事情を話すと教授はいいました。

「僕の力で息子さんを入れてあげるよ。小さいころ、君には世話になったからなあ」

教授は出張のため、その日に限って朝の5時に来たのです。

この記事を書いている今、息子さんは大学を卒業して、一流企業の要職に就いているそうです。

ある日、北京大学の女子学生がトラさんのところに来ました。大学院に行けるかどうかを占ってもらったのです。トラさんはいいました。

「大学院には行けません」

「なぜですか?」

「故郷でお父さんが9月に亡くなります。なので、あなたは故郷に戻って働かなくてはなりません」

「お父さんを救う方法はありますか?」

「ウサギを8匹、庭に飼ってください。うまくいくかどうかわかりませんが」

9月にウサギは全部死に、お父さんは助かりました。

彼女は無事に大学院に通っています。

いずれも運命の分岐点を知ることから始まっています。ひとりは朝の5時が分岐点でした。その時間を逃せば、息子さんは大学に入ることはなかったと思います。

もうひとりは9月という分岐点です。その月にウサギが死なないと、逆にお父さんは死に、娘さんは大学院には行けませんでした。

76 五芒星グッズによって交通事故を回避！

面相師の史さんはいいました。

「森田さん、車を新しく買うのでしたら青か黒がよいです」

なぜかというと、私の主要な五行が木だからです。水は木を生じるので青や黒がよいのです。

「でも青とか黒はイヤだなあ」

と私……。

すると、面相師はいいました。

「それ以外の色を買うとすれば、事故の危険があります」

隣にいたトラさんがいいました。

「その場合には、すべての五行の色を使って場を調整してください」

結局、私が買った車はスズキのツインです。これは平成15年から17年にかけて2年間しか生産されなかった車です。しかしなぜか人気があり、中古車でも結構高いです。買った車は黄色でした。

先ほども書いたように、私の生まれつきの五行は「木」なので、黄色だと事故の心配があるのです。私はトラさんにいわれたとおり、五色の色を配置したグッズをつくりました。ところで、中国にいるうちに、それをつくる羽目になりました。ちょっとしたできごとに遭遇したのです。それは高速道路上で車が故障したのです。私たちはみんなで車を押しました。ちょっと先には料金所が見えて、その向こうにはガソリンスタンドがあります。ガソリンスタンドの隣には食堂もあり、そこまで行けば食事をしているあいだに直してもらえそうです。私たちは車を押しはじめました。

私も押していたのですが、運転手が私に代わってくれといいました。お客さんである私に車を押させるのは、まずいと思ったのでしょう。

なので、私が運転席に座りました。

車はしだいに料金所に近づいていきます。

私の車に置いてある五芒星

高速道路で人に押された車が近づいてきて、料金所の人はどうするかと思いました。

私は前を向いたまま運転していました。

料金所の係の人は、私たちの車を目で追っていきますが、何ともいいません。

とうとう料金所をタダで通過しました。

もしもお金に困ったときはこの方法があると思いますが、日本で通用するとは限りません。

食堂でお昼を食べているとき、車は直りました。

この事件があった晩、私は簡易型の五芒星をつくり、翌日から車に吊るしました。

そして、無事に中国の旅は終わりました。

でも、今回の件が吉か凶かは、見解の分かれるところだと思います。

車が故障したのはたしかに凶ですが、その後は高速料金がタダだったからです。

でも、やはり事故は起こしたくないので、五芒星グッズを車に吊るすことになりました。

77 コインを振って愛犬の生まれ変わりと再会できた

私は愛犬を亡くしました。ゴールデンレトリーバーという大型犬で、13歳と2カ月でした。名前をフェルルといいました。

生まれ変わりの村の情報を知っていた私は、愛犬が亡くなったときにある行動を起こしました。火葬になる直前、最後の面会時間があります。棺が閉じられる瞬間に、私はいいました。

「フェルル、最後の命令だ！ まだここにいるとすればアッチッチになるから、もうあの世に行きなさい。あの世のことはこのあいだ話したとおりだ。あの世からもこちらが見える時間帯がある。スープを飲まなければまた会える。さあ、行きなさい」

家に戻っても、やることがありました。

まずは、わが家そのものをフェルルのところに届けました。写真に撮って燃やせばよいのです。次に、犬小屋、食事、水、たまごボーロ（小さなクッキーで好物でした）、茹でたキ

生まれ変わった愛犬と再会

ヤベツ（これも好物）、スイカ（これも好物）、バーニーちゃん（いつも遊んでいたウサギのぬいぐるみ）などを送りました。

いずれも写真に撮って燃やすのです。そして、次の手紙を送りました。

「フェルルへ！　君が生まれ変わるとき、前世で一緒に暮らしていた3人が迎えに行く。だから、他の家に買われていってはダメだからね。命令だよ。われわれが行くまで『待て！』だからね」

そして、8カ月後のある日、インターネットからブリーダー（犬を繁殖しているところ）のサイトを見ているとき、ビビッと感じたものがありました。即座にコインを振って占ったところ、フェルルの生まれ変わりという情報が載っていました。トラさんにも判断を仰いだら、それは正しそうです。

そして、ブリーダーに予約を入れました。

そこには10匹以上の子犬が生まれました
私たちが目をつけたのは、赤いリボンがついた子犬でした。それにビビッと感じたのです。

私たちが近づくと、赤リボンが群れを飛び出して走ってきました。そして、私たちを見上げてシッポを振ります。ブリーダーさんはいいました。

「この子は内気な子です。犬を買うために人が見えても、今まで一度も飛び出したことはありませんでした。この子がこんなにシッポを振るのを見たのも、今回が初めてです」

私を見上げる目もうるんでいます。そして、私が抱き上げると、本当に落ち着きました。

私たちは、あの世のフェルルに定期的に食事とメッセージを送っていました。そういうことをすると、縁が切れにくくなると思いました。

わが家に子犬（赤リボン）が来ました。子犬はフェルルの生まれ変わりの兆候をたくさんもっていました。
・初めて来たときから家の様子を知っている
・トイレは12時間で覚えた

・「待て」も初めからできた
・フェルルが好きだったオモチャを探し出した
・散歩コースを最初から知っていた
・前の名前「フェルル」と呼んでも飛んでくる

前世と同じ名前をつけると、思い出を語るときに混乱するので、新しい名前にしました。それは「リボン」です。英語の「Reborn（再び生まれる）」からとりました。つまり、生まれ変わりそのものが名前になったのです。

78 コインの卦のとおりの時期に突然、病気が治った

トラさんは中国の天津に出張して、あるホテルに泊まっていました。天津には知り合いが多いのですが、仕事で忙しかったので、誰にも天津に来たことを知らせなかったそうです。しかし縁があれば、必ずつながると思っています。

突然、彼の携帯電話のベルが鳴りました。電話をかけてきたのは、偶然にも天津で生活しているある女性でした。

この女性は、トラさんに何回も相談に来たことがあります。

彼女の今回の目的は、病気占いでした。

その女性は道を歩いているとき、突然転倒してしまいました。そして一時的に意識を失ったのです。

その後、毎日めまいがするので、トラさんに相談したいのです。

トラさんはちょうど天津に来ていたので、ホテルの場所を教えたところ、彼女は急いで訪ねて来ました。そして、トラさんの前でコインを振りました。

トラさんは卦を見ていいました。

「卦のなかでエネルギーのバランスが取れているので、重い病気にはなりません。でも、今月には治りません。頸椎(首の骨)に問題があり、血液の循環へ影響を与えて、めまいが起きているのです。7月になれば、病気が自然に治ります。病院へ行かなくても大丈夫です。時が来るのを待ってください」

彼女は7月が来るのを待ちました。

そして7月のある日、彼女が町を歩いていると、後ろから声をかけられました。誰かしらと振り返って見ようとすると、突然首から大きな音が出て、ある熱流が身体を通ってめまいが消えて、病気が一瞬のうちに治りました。

声をかけられたことが、薬になったのです。

79　節入りはエネルギーが変わる時期で、占いでも重視

節入りとは季節の変わり目です。ほとんどの占いで、節入りが重要視されています。吉凶の発生期を判断するには、節入りを月の境界として使うのです。

たとえば、立春が寅月（2月）の始まりで、清明が辰月（4月）の始まりで、立夏が巳月（5月）の始まりなどです。

トラさんが北京にいたとき、ある女性が自分の年運を占いに来ました。トラさんは卦を見ていいました。

「金運がいいですが、賄賂を使ってお金が入ってきます。健康運が悪いです。目の病気があるでしょう。はっきり見えなくて視力がしだいに下がっています。子宮筋腫があり手術を受けましたが、すっかり切除できていません。立夏に入ってから、乳房腫瘍にも気をつけてください」

結局、すべての判断が当たりました。

その年の立夏の節入りは、5月5日北京時間の17時39分（日本時間なら18時39分）でした。

5月7日に彼女から電話が入り、乳房腫瘍が突然できたそうで、改善案を求めました。

女性は一般的に子供を産んでから、いろいろな原因で乳房が腫れあがったり、しこりができたりします。あるいは30代に入ると、乳房腫瘍にかかる恐れが増えます。いい治療を受けられなければ、乳癌になってしまう人もいます。

西洋医学では、乳房腫瘍の主な治療法は手術です。しかし、女性にとってそれは苦しい決断です。

乳房は女性の自慢するもので、切除されると女性の特徴が弱くなり、肉体だけでなく精神的にも苦しいです。

トラさんによれば、初期的な乳房腫瘍なら、タンポポを水に入れて15分ぐらい沸かして、そのスープを飲めば効果があるそうです。また、十二支を利用して、初期の乳房腫瘍を治す方法を教えてくれました。

まず5センチぐらいの黄色い紙を用意して、十二支の順番に、子、丑、寅、卯、辰、巳、午、未、申、酉、戌、亥と、紙に書き入れますが、十二支を全部書くわけではありません。乳房腫瘍の女性の生まれた年を除いて、残りをすべて書きます。つまり、十二支ではなく、実際には十一支を書くのです。

たとえば、午の年に生まれた女性が乳房腫瘍にかかったとしたら、子、丑、寅、卯、辰、巳、未、申、酉、戌、亥と書いてください。午は書きません。

書き終わったら、その黄色い紙を髪のなかにヘアピンなどで固定して隠します。そうして、腫瘍が消えたら外してください。

これは、乳房腫瘍専用の治療法で、とくに腫瘍ができたばかりの人に効果的だそうです。人によっては、ひどくなってからでも効果のある人もいるそうです。ただし、あくまでも占い的な対処方法ですので、すべての人に効果があるとは限りません。その点ご了承ください。

さて、私はニッセンの株で大儲けしましたが、株価が上がった日は月替わりの日、つまり節入りでした。それは12月7日の大雪《だいせつ》という日で、時間は1時28分でした。

その時間をすぎてからでないと上がらないことは、もともとわかっていたのです。朝の9時に証券取引所は開始しますが、すでに節入りの時間をすぎていたので、取引が開始した瞬間からストップ高（買いが多すぎて一時ストップすること）になったのです。

80 コイン占いで父の人生の最期を予知できた息子

トラさんには、弟子が1000人くらいいます。彼らとは、インターネットのチャットを通じてやりとりするときが多いです。

ある日、夜10時に、弟子のひとりがチャットを通じて、彼の友達が相談してきた卦を送ってきました。お父さんが病気にかかり入院したので、吉凶を判断してほしいということでした。

弟子は大丈夫だと判断しました。2日後に治ると判断しました。

しかし、トラさんは弟子の判断を否定しました。チャットには次のように返事を入れました。

「友達のお父さんは頭の病気で、出血して危ないです。命があと2時間ぐらいしか残っていません」

弟子は、トラさんの判断を聞いてすぐにチャットをやめて、友達に電話をかけました。友達はお父さんを見舞って、病院から離れようとするところでした。しかし、父親の命があと2時間しかないと聞いて、すぐ病室に戻りました。そして、お兄さんに電話を入れて、早く病院に来るようにと知らせました。お兄さんは急いで病院にかけつけました。

お父さんは笑顔を見せて、両手でそれぞれふたりの息子の手を取り、いろいろな話をしました。自分が病気にかかり、深夜なのにふたりの息子が近くにいて話をしてくれるのは、本当に幸せだといいました。そうして話しているうちに、時間が翌日の零時になりました。

零時30分になると、突然、病気が悪化して他界したのです。

ところで、私（森田）も六爻占術ができます。吉凶の判断では、お父さんは死ぬと判断できます。でも、子《ね》という十二支がキーだとわかっても「2時間後」を確定することはできません。なぜなら、子月かもしれないからです。でも2時間後は子日子刻でした。つまり、子が日と時間にダブルで出現するのです。これをトラさんは見逃さなかったのです。

お父さんも息子さんたちも、あのような形で人生の最期をすごすことができて、幸せだったと思います。

81 廃品を売ったことで家の風水が変わり、病気になった

ある男性がトラさんのところに、母親の病気について相談に来ました。男性がコインを振り、その卦を見ながらトラさんはいいました。

「癌の病気で、乳癌でしょう」

相談者はいいました。

「はい、そのとおりです。大丈夫でしょうか？」

「あまりよくありません。11月に危ないです」

相談者は落ちこんで返す言葉もありません。

トラさんは、しばらく卦を見つめるといいました。

「最近、お宅から廃品回収会社に廃品を売ったことがあるでしょう」

「はい、そうです。でも、母の病気と何か関係があるのですか？」

「お母さんの病気は、実は廃品と関係があるのです。廃品を回収会社に売ったことで、お宅の風水が変わり、お母さんに不利な影響を及ぼしたのです」

「本当ですか……」

「それだけでなく、ベッドも移動したでしょう？」

「えっ？　わかるのですか？　たしかにベッドを移しました」

トラさんは、もう一度卦を見ると聞きました。

「もう一点確認したいのですが、あなたは心臓が弱いでしょう？」

「私は心筋炎があります」

「吉凶の結果は11月にならないとわかりませんが、病気は単に体が悪くなったわけではなく、関連するエネルギーも変わって病気にかかります。エネルギーの流れがわかれば、改善できると思います」

これを西洋医学のお医者さんが読んだら、どう思うでしょうか？　廃品回収と乳癌は何の関係もないはずです。

しかも生活するなかでは、多くの行為があります。そのなかから、なぜ廃品回収が浮き彫りになったのでしょうか。専門的になるので詳しくは述べませんが、コインを振った卦には、たしかにそう出ていたのです。

そして、エネルギーの流れがわかれば、改善も可能なのです。

82 外応による未来予知は、文字を使ってもできる

まず古代の例です。

ある人の息子が病気にかかり、なかなか治りませんでした。その人は邵康節という文字占い師のうわさを耳にし、相談に行きました。自分の目的を告げてから、筆をとって「字」という文字を書いて、邵康節に吉凶を判断してもらいました。

「字という文字は、上は家の冠で、下に子という文字があり、家に子供がいると解釈できます。家に子供がいれば、大丈夫です。子供が亡くなる情報にはならないので、病気は治ります。いま病気があっても大丈夫です」

と邵康節は判断しました。

彼は邵康節の判断を聞いて、ホッとしました。そして、タバコに火をつけて吸っていた

ところ、うっかりして火玉が占いの紙に落ちて、字という文字の子の部分が燃えてしまいました。邵康節はびっくりして、いいました。

「君のお子さんの病気は一時的に治りますが、突然悪化する恐れがあります。字の子の部分が灰になったので、お子さんが亡くなる情報です」

数日後に子供の病気が治りましたが、まだ静養する必要がありました。しかし、子供は暴飲暴食して、病気が再発し、亡くなりました。

ある日、トラさんは友達とエレベータに乗ったとき、怪我をしたふたりに出会いました。まもなく空港に行って出発するところでしたので、友達は何の暗示かと問いました。トラさんは次のように考えました。

エレベータに乗ったのは、飛行機に乗ることに似ています。怪我をした人に出会えば、飛行機でも怪我をした人に出会うかもしれません。

結局、飛行機でも怪我をした人に出会いました。その人は、足を怪我していて、ふたつの席を使い、トラさんの席まで占領しました。そのため、トラさんは別の席に移ったのです。怪我をしたふたりは、怪我をしたひとりがふたつの席を占領したことと似ています。

トラさんは、仏教協会の理事を担当したことがあり、仕事でよくお寺へ行きました。ある日のことです。白雲寺の住職さんに占いを頼まれました。彼はもともと鉄仏寺の住職を担当していましたが、政府の命令で、白雲寺の住職に替わったのです。

鉄仏寺は陝西省にあり、白雲寺から遠いです。彼はもう81歳です。鉄仏寺はすべて彼の手で造ったもので、彼は鉄仏寺の行く末を気にして、トラさんに占ってもらいました。

トラさんは、彼にひとつの文字を書かせました。彼は最初に鉄仏寺の鉄を書いたのですが、書いている途中にやめて、最後の「人」という2画を書かないまま、もっと複雑な鐵という文字を書きました。

鉄は鉄仏寺のことで、文字を全部書かなかったので、そのお寺の工事が完成していない情報です。

鐵は古い文字で、お寺を古そうに造ったのです。工事が複雑で、生きているうちには完成できないでしょう。

鉄という文字の最後の2画は人で、書かなかったので、人としてはもう存在できない情報になり、この世を離れるでしょう。鉄は、金の五行で西の世界に対応して、仏教の極楽世界になります。2画が足りないので、2年後に極楽の世界へ行くでしょう。

2年後に、彼はこの世を離れました。仏教協会からの知らせで、トラさんは彼の追弔会に参加しました。

83 六爻占術の達人は、「外応」でここまでのことがわかる

ある日、トラさんは家に帰ってパソコンに電源を入れ、ホームページを読もうとしたところに電話が入りました。ある男性からの相談です。お父さんが行方不明になり、心配していました。

トラさんは外応で判断しようと思って、コインを振らずに相手に答えました。

「心配しないでください。お父さんが帰ってきますよ」

……と。

「どうしてそう判断したのですか？」

と相手は理由を聞きました。

「私は家に帰ったばかりなので、お父さんも必ず帰ります」

とトラさんは答えました。

「では、いつ帰ってきますか？」

「今日は申日で、時間は戌刻で、十二支の方局から見れば、酉が欠けています。明日は酉日で、方局が揃うので、明日帰ってきます」

とトラさんは答えました。

彼から、翌日にお父さんが帰ってきたという報告が入りました。

ある女性が相談に来ました。彼女は顔が青白くて、額の色が暗くて黒っぽい色になっています。この顔を見て、

「君は貧血で、よくめまいがするでしょう」

とトラさんが判断したところ、

「はい、どうしてわかったのですか？」

と彼女は答えて、びっくりした表情になりました。

トラさんは顔色から判断したのですが、この答えを聞いて自信満々になり、外応で彼女のことを判断しようと決心しました。

彼女は、トラさんの向こう側のソファーに座りました。そのとき、ソファーの一端にトラさんの弟子が座っていました。弟子は男性で、ふたりが同じソファに座ると陰陽のバランスが取れます。それを見て、

「もう結婚していますね」

とトラさんはすぐ判断しました。

彼女は「はい」と答えて、両手でひざのちょっと下を抱えて、

「まだ何か判断できますか？」

と聞きながら、体を少し前に傾けました。

「近いうちに遠出をするでしょう。出かける予定がありますね？」

とトラさんは判断しました。彼女はびっくりして、

「昨日航空チケットを買ったばかりです。どうしてわかったのですか？」

と不思議そうに尋ねました。

彼女の左には、ハンドバッグが置いてありました。彼女とトラさんの弟子がソファーの3分の2を占めて、3分の1がハンドバッグで、重力の原因でソファーが少し斜めになっていました。バランスが取れなくなったのでしょう。この情景を見て、

「お母さんは近ごろ、体の具合が悪くて、高血圧があるでしょう。あまり眠れないようです」

とトラさんは判断しました。

「はい、母は高血圧で、先日、血圧を測る機械を送りました。ひとりでは眠れないようです。何かいい方法はありますか？」

トラさんが改善案を教えたところ、彼女は満足そうに微笑んだそうです。

「私の金運はどうですか？」

と彼女は続けて尋ねました。

そのとき、ちょうどトラさんは無意識に手をズボンのポケットに入れて、なかに入ったお金を摑みました。それで、

「金運がいいです。最近お金が入ってきたばかりでしょう」

と判断しました。

「はい、お金が入りました。今日は不思議ですね。まるで超能力があるみたいです。コインを振っていないのにいろいろわかって、感心しました」

と彼女は答えました

PART7　幸運を呼び寄せる方程式——Q&A

84 運命好転に特別な修行がいらないのは、なぜ？

中国でも一生懸命に修行する人がいます。

朝晩、座禅をして、精進料理を食べ、淫行を避け、禁欲して善行を積むことを心がけて生きるのです。言い換えれば食欲、性欲、金銭欲をセーブするのです。

しかし、彼らは苦労しているようにしか見えません。

逆に、美味しいものを食べ、女性にもモテ、禁欲しない人のほうが楽しそうに見え、人生もうまくいっているようです。

しかし、修行をする人たちにも言い分はあります。あの世や来世ではよくなるというのです。

私は以前、日本の偉い僧侶たちが留学していたという、西安の都のお寺に行きました。

そこには地獄絵巻が描いてありました。女性が裸にされ、手錠をかけられ、ムチで打たれて、それはまるでSMショーでした。

地獄の概念は、逆にいえば、この世は修行であり、魂を磨く場であるという概念にも通じます。僧侶が難行苦行の末に悟りを得るのも、そのためです。

そうした考えが日本にも持ちこまれ、極楽と地獄という概念ができました。でも、そのような概念は仏教だけが原因ではないと思います。人間の願望がつくり出しているのです。

科学者も願望が邪魔をします。

「占いで未来が見えるなんて、そんな時空のシステムであってほしくない」という願望が、「占いで未来が見えることは、ありえない」という結論にもっていきます。

「運命が決まっているなんていうことは、あってほしくない」という願望が、「未来は決まっていない」という結論にさせます。

精神世界系の人は、「われわれの意識が未来を何も変えないなどということは、あってほしくない」という願望をもち、それが「意識は未来を変える」と、勝手に言い換えます。

願望は真実を覆い隠します。

幸せを得るために、真実を捨てるのだと思います。

生まれ変わりの村の調査によれば、あの世には裁く人はいませんでした。

何をして死んでも、行くところは同じ。だったら災難を避けて、うまくやったほうがいいと思いませんか?

そして、魂を磨いたり高めたりする行為は内面的なことなので、運命変更には結びつきません。

廃品を売ったのが原因で乳癌になった人の話がありました。羊の携帯ストラップで妊娠できた女性がいました。

運命変更は、修行とは関係ないのです。

85「好奇心」と「問い」が運命を好転させる!――その方法は?

四柱推命は誕生時間で判断し、残念ながら運命変更はできません。なぜなら、一生運は出ますが、今日一日のできごとを出すことができないからです。

逆に六爻占術はピンポイントです。これから1時間後のことでも占うことができます。逆にいえば、これから1時間後を、もともとの運命とは別の世界にすることもできるのです。それはすべて「問い」から始まります。

トラさんのところに相談に来る人は、きわめて具体的な問題を持ってくるからです。そして六爻占術は、ピンポイントな問いであるほど、その強みを発揮します。

「どうやって生きればよいか?」というような抽象的な問いには不向きです。「この問題はこれで改善できるか?」という具体的な問いかけが、運命好転につながります。

ところで、好奇心と問いは一心同体です。子供は何でも問いかけます。逆に大人になると、わかったふうな顔をして答えをいう人が多いです。

問いを発する人は、好奇心が旺盛なのだと思います。私たちがいちばん生き生きとするのは、好奇心が刺激されたときではないでしょうか……。

好奇心にはエゴがありません。エゴというのは、執着心をもった意識から生まれると思います。好奇心は、一瞬一瞬通りすぎて過去に流れます。しかし、執着心は未来まで残ります。

執着心は目的をつくり出します。「どうしてもこうしたい」というのが目的だからです。

しかし、目的のある人生なんて、つまらないと思いませんか？

好奇心には目的がないのです。そして常識に縛られません。

トラさんの判断を見てもわかるように、普通の常識を超えたところがあります。

ところで、「好奇心」と「問い」には、公序良俗というものがないと思います。お金儲けやエッチな問いだってよいのです。

トラさんが弟子に講義しているとき、「明日の株は上がるでしょうか、下がるでしょうか？」と質問した人がいました。そのとき、バッタが飛んできて黒板に当たり、一度下に落ちました。でもまた飛び上がりました。それを見てトラさんはいいました。

「午前中は下がりますが、午後はまた上がるでしょう」

たしかに、そのとおりになりました。

弟子だって好奇心で質問したと思います。こうやって運命を好転させることができるのです。

86 意味づけをせずに力を抜き、視点を変えるには？

私はある日、会社を辞めました。

大手コンピューターメーカーに勤めていたのですが、目の前がセピア色になり、ひと言でいえば「過去の映像」のような感じになったのです。ここはもう自分の居場所ではない、と感じた私は、外に出て便せんを買い、喫茶店に入りました。

辞表を書き終わり、立ち上がるとウエイトレスとぶつかってしまいました。彼女が運んでいたコーヒーがスーツにかかりました。こういうとき、人によっては、

「それは辞表を考え直せということじゃない？」

という人がいると思います。

しかしその後、私は独立してコンピュータソフト会社を興し、収入は10倍になります。

もしも「考え直せ」のアドバイスに従っていたら、今の私はありません。「辞表を考え直せということじゃない？」は「意味づけ」といいます。私は意味づけには従いません。

ちょっとこの件とは違いますが、ジンクスも嫌いです。

あるネクタイをして契約が取れたとき、翌日はそのネクタイを絶対にしません。

ところで、コーヒーをこぼされるのは、そんなにまずいことでしょうか？

用神（占う対象）の陰陽五行が木ならば、生じられます。

現に、会社に帰ってからスーツを女子社員に脱がされ、同じ部内の女性たちが総出で拭いてくれたのでした。そのとき起こったのが笑い声でした。

「森田さんて、結構おっちょこちょいなのよね……」

とかいっていたのです。そのとき、私は部長から怒られていました。

「突然辞めるとは何事だ？」……と。

しかしその怒鳴り声は、女子社員の笑い声で相殺されました。

コーヒーがこぼれたことが、外応的には私を救ったのです。意味づけも、スパンで変わるのです。

ところで、意味づけはしだいに外応に変わっていきます。それはキャッチする本人の頭

報のひとつ」として、力を抜いて見ることができるかにかかっています。

外応の世界観をひと言でいえば、「力を抜くこと」です。外側で起こるできごとを「情報のひとつ」として、力を抜いて見ることができるかにかかっています。

87 運命を好転できる確率は？

六爻占術の特徴はふたつあります。ひとつはピンポイントで占えることです。もうひとつは、運命変更ができることです。

運命変更率はどのくらいできるものなのかを調べてみました。

六爻占術のテキストを買った人は、六爻占術実践会というものに入ることができます。そして、自分の判断結果について、トラさんからの添削を受けることができます。そのなかで、きちんと結果を返してきてくれた人を対象にして、統計を取ってみました。

でも、トラさんが何も運命変更しなくても目標をゲットできると判断した人は、除きました。だって、もともとうまくいく人は、運命変更とはいわないですから……。

残ったのが447人です。この人たちは最初、そのままではうまくいかないと判断されました。そして、トラさんから具体的な運命変更方法を指示された人たちです。

その後、どうなったのでしょうか。とても気になるところではないでしょうか。

商売運は、93%の人が運命を好転できました。喜びのお便りがたくさん来ました。

『運命改善の絵を飾りました。お陰様でお客さんが増え、仕事がうまくいっています。ダンス教師をやっているのですが、今月から忙しく仕事をさせていただいています。本当にありがとうございました』

『料理店を経営しています。以前は儲かっていたのですが、最近はお客さんが減って、損をするようになりました。トラさんの指示どおりにイノシシの置物を店内に置いたところ、お客さんが増え、以前より繁盛し、皆喜んでおります。感謝いたします』

病気は、87%の人が改善に成功しました。

『病院で父がC型肝炎にかかっているといわれました。母がとても驚いて、仕事中の私に電話をかけてきて、「どうしよう、治らない病気なんだよね」というので、心配に思い、コインを振りました。トラさんは魚のおもちゃや工芸品を台所の東北に置いてくださいといってきました。釣具屋さんで魚のおもちゃを買って、台所の東北に置きました。今日、病院で父が再検査を受けてきました。すると、前回の健康診断で+(プラス)だったものが、−(マイナス)になっている、といわれたそうです。母も一緒に行ったのですが、あまりに不思議なので、初めに受けた検査が17万円もする最先端の検査だったのに、こうも結

運命変更全体平均

商売運

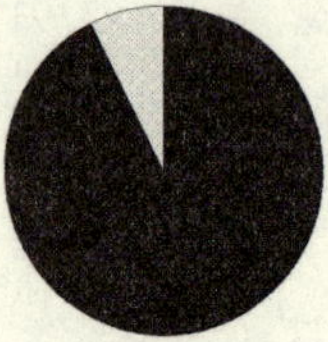

金運

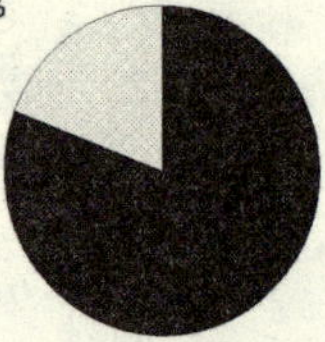

受験

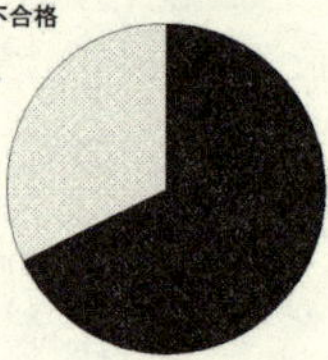

病気・体調改善

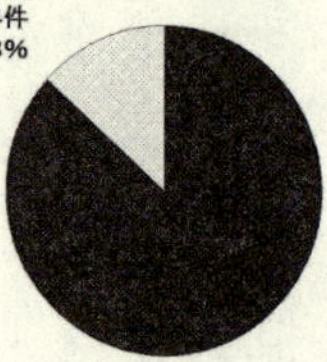

希望する職種への就職

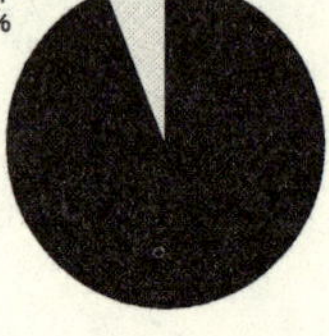

人間関係

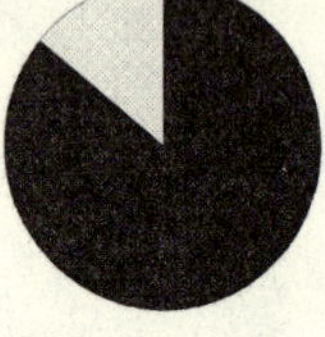

官職運（昇進）

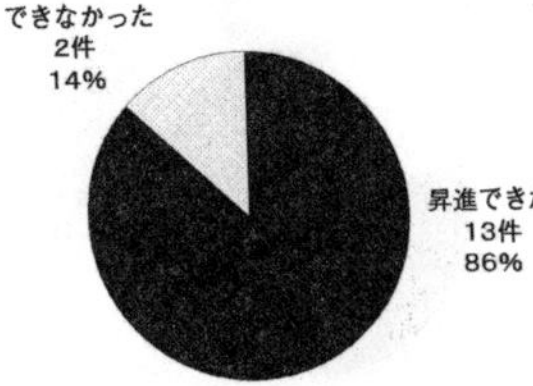

裁判

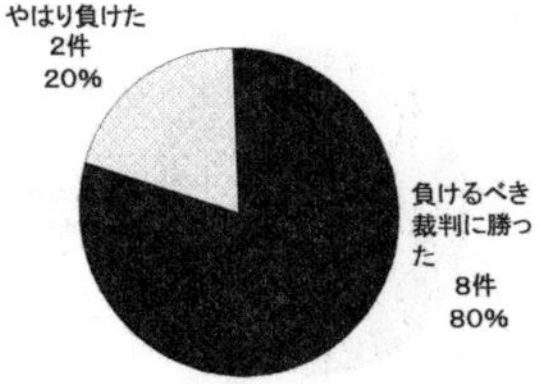

異性運変更

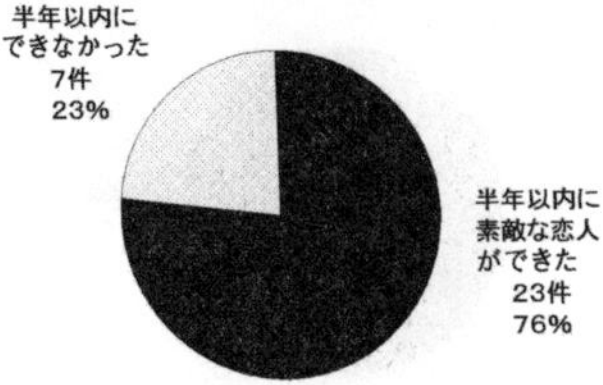

妊娠

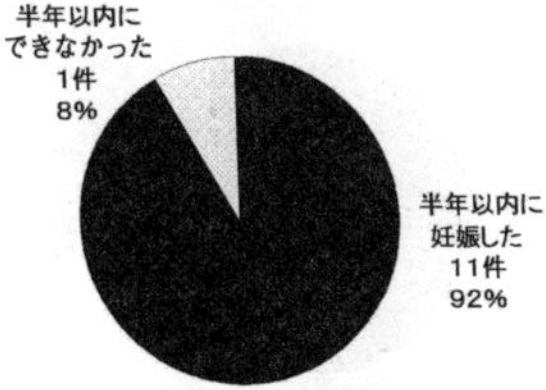

不動産取引

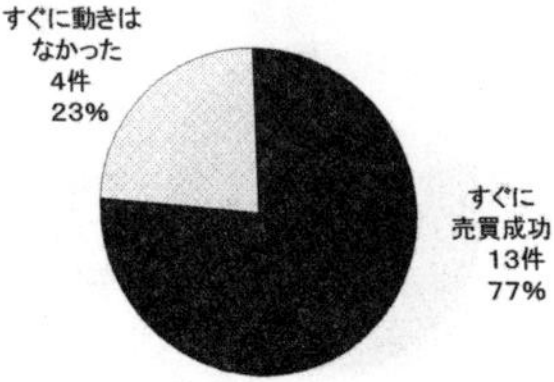

夫婦関係

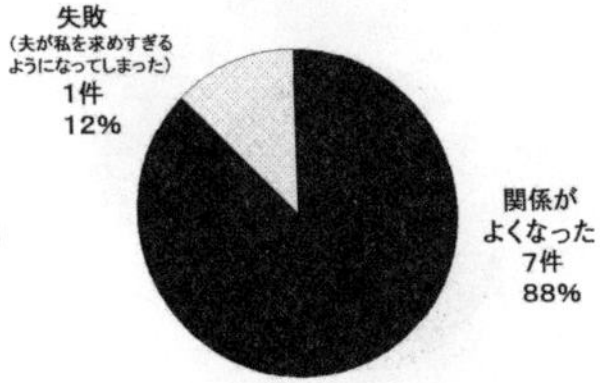

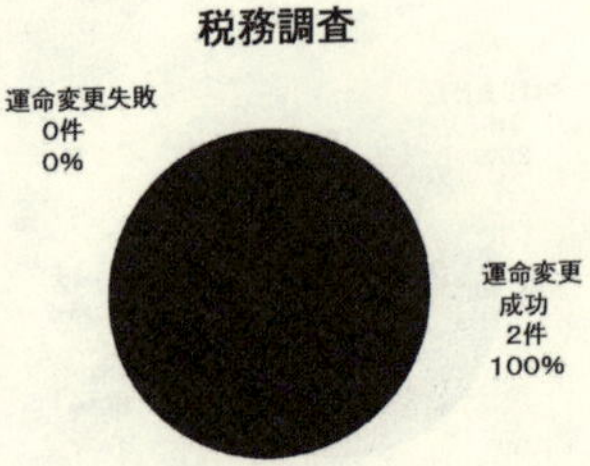
税務調査
運命変更失敗
0件
0%
運命変更
成功
2件
100%

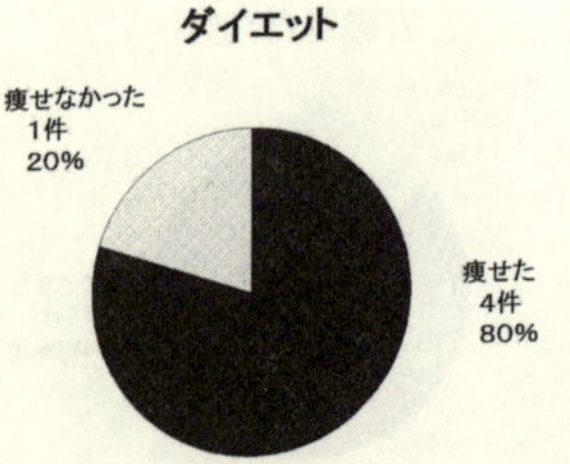
ダイエット
痩せなかった
1件
20%
痩せた
4件
80%

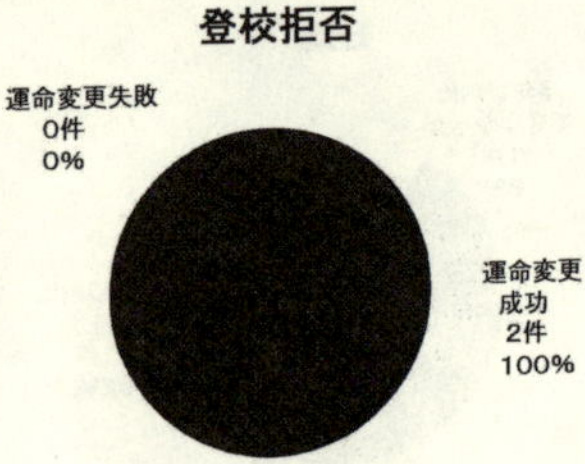
登校拒否
運命変更失敗
0件
0%
運命変更
成功
2件
100%

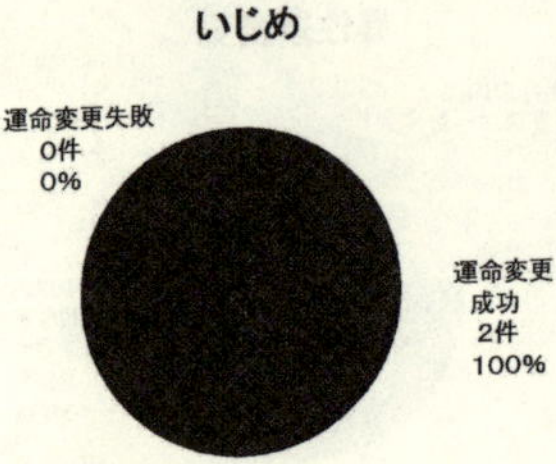
いじめ
運命変更失敗
0件
0%
運命変更
成功
2件
100%

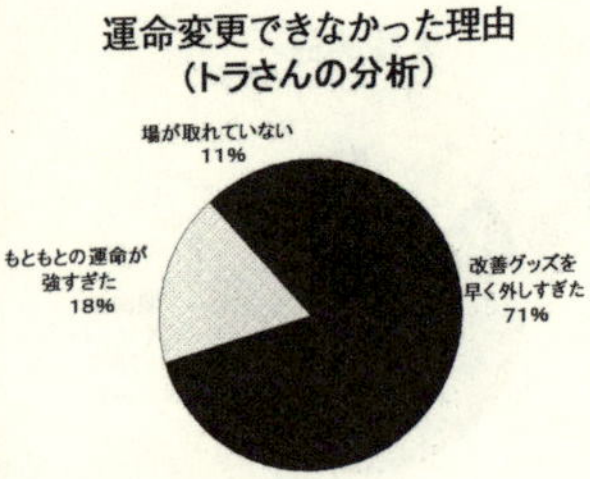
運命変更できなかった理由
（トラさんの分析）
場が取れていない
11%
もともとの運命が
強すぎた
18%
改善グッズを
早く外しすぎた
71%

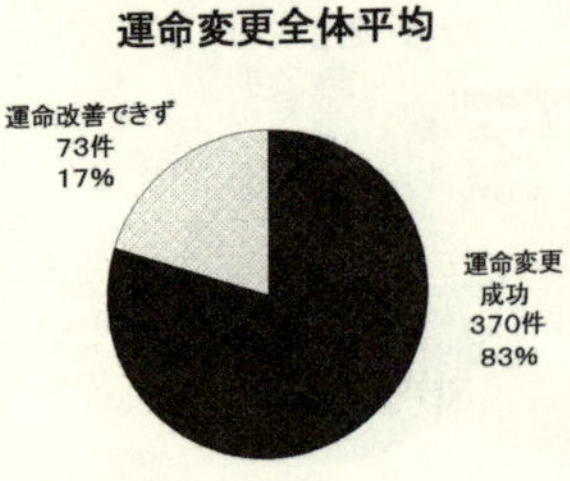
運命変更全体平均
運命改善できず
73件
17%
運命変更
成功
370件
83%

果が違うのはどうしてでしょうか？　おかしくはないですか？　とお医者さんに聞いたそうです。父は、なんだか不思議だけど、とにかく心配なくなったので大喜びです。母は、病院のいっていることは筋が通ってない気がするし、不思議でしょうがないけど、あのお魚のせいかしら……といっています』

全体では447人中、376人が運命変更できたと報告してきました。運命変更成功率は、84%です。みんな多くの悩みがありました。金運、健康、受験、妊娠……。その8割以上の運命が変更されたのです。とても多いと思います。

運命というのは、変更されるのを待っているのかもしれません。

88 置物や十二支で運命が変わる？

すでに書きましたが、私の親戚は、産婦人科で妊娠不可能と判断されました。しかし、六爻占術で判断して羊の携帯ストラップをつけたら、すぐに妊娠できました。私の身内の事例に限らず、妊娠に対しては運命変更への効果が高いようです。

ある日本人の相談者は、トラさんから次のようにアドバイスされました。

「妊娠を意味する子孫が月に剋されて弱いです。さらに用神は根がないので、妊娠は難しいです。改善するには蛇と馬の置物を家の北に置いてください」

そして、相談者からお便りが来ました。

「蛇と馬の置物を3カ所（リビング・寝室・妻に持たせる）に設置したら、2カ月めに妊娠がわかりました。結婚して5年、ふたりの弟夫妻に子供が早くできていたので、長男の嫁として親から妻にプレッシャーがかかり、精神的に悩んでいました。妊娠がわかったときの妻の喜びようはありませんでした。日が経つにつれ、お腹が大きくなり胎児に話しかける姿を見ると、これで妻もプレッシャーから解放されるし、やっと自分にも子供ができるのかと思い、嬉しくなりました。そしてトラさんに教えていただいた改善策の実行により、無事元気な女の子が生まれました。ありがとうございます」

妊娠は92％の人が成功しています。

私は、妊娠ほどの運命変更はないと思っています。だって、もともとの運命の台本にはなかった子供が生まれるからです。

その子が大きくなり結婚をして子供をつくれば、歴史は「変更した方向」にどんどん拡大していきます。

なのに、なぜ妊娠に関する運命変更率は高いのでしょうか。それは子孫繁栄というのが、自然の理にかなっているからだと思います。自然の理にかなっている方向に対しては、と

置物や十二支で運命を変える

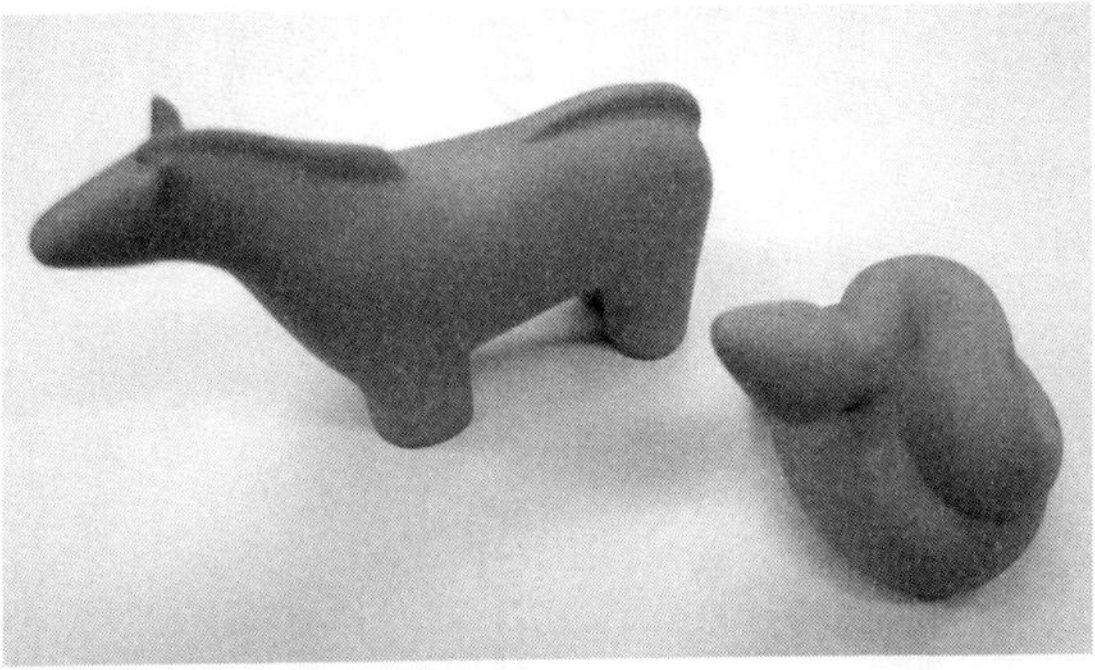

くに変更しやすいのだと思います。

　もちろん、金運も運命変更効果は高いです。81％の人が成功しています。

『トラさんの指示どおりに鳥の携帯ストラップをつけて競馬に行ったら、16万円の利益をあげることができました。ありがとうございます。月収が22万円くらいなので、16万円を1日で稼いでしまったのはすごいです』

　税務調査に至っては、100％の人が成功しています。

『私は廃棄物の処理場を経営していますが、先日、県庁から立入検査に来るという知らせがありました。1カ月ほど前にも立入検査があり、指導を受けたばかりで不安になりました。トラ先生のご指摘どおりにサルの置物を置くことにしました。

そして検査当日、予定どおりに県の職員が来ました。普段と違って、ほとんど話もせずに帰って行きました。半年ほど経って結果が出ましたが、とくに問題はありませんでした。県の職員の態度などはいつもと違い、こちらが拍子抜けするほどでした。本当にありがとうございました』

置物ひとつで、こんなに変わるのです。だとすれば、私たちの人生っていったい何なのかと問いたくなりませんか？

89 宝くじやギャンブルでも、当たる？

六爻占術で占えるのは、株だけではありません。前項では競馬の事例を紹介しましたが、ミニロトやパチンコなどを占い、当たったというお便りもたくさんいただいています。

まずはミニロトの事例です。

『六爻占術でミニロトが当たりました。日付と方向、場所、番号を自分なりに占い、そのとおりにしたら当たりました。六爻占術はすごいと思いました。これからも勉強を続けるつもりです』

次はパチンコです。

『六爻占術を始めて1年半ほどですが、一生の宝に出会えたと思っています。まだまだ勉強中ですが、購入費用はもう充分取り戻しました。今は小銭を稼ぐために、パチンコへ行く前にコインを振り、また、パチンコの途中でも、トイレでコインを振って、コツコツ稼いでいます。会社員なので、休日のみですが、月20万円くらい儲かるようになりました。でも、当たるようになるには、1年くらいかかりました。六爻占術は、選んだ台がいつから調子がよくなるとか、もうこれ以上は儲からないとか、教えてくれます。これからも、あせらず気長にやっていこうと思います』

次は競馬です。

『第23回ジャパンカップ、①タップダンスシチーが優勝するかと占ったところ、よい結果が出ました。他の馬も占いましたが、よい結果が出ず、妻にも占ってもらったところ、⑩ザッツザプレンティと⑦ツルマルボーイがよいと出ました。そこで、①を軸に、⑩と⑦で馬単、馬連、単勝、3連複をすべて1000円通しで買いました。結果は1位が①、2位が⑩で、26万5700円儲けました。妻も私も競馬はほとんど初心者で、買い方もよくわからず困りましたが、六爻占術で、馬の名前だけを考えて100円玉を振りました。本当に当たるなんて、夫婦でびっくりするやら嬉しいやら……すごいです』

ただし、トラさんの六爻占術テキストには、競馬・パチンコ・パチスロは載っていません。中国では賭け事が禁止されているからです。日本のギャンブルに関しては、六爻占術を勉強されているたくさんの方々が、独自の研究をしているのです。

90 努力せずに億万長者になれる「裏道」がある？

私は根本の原因を追求するのが好きです。

「私とは何か？」「私はなぜ存在するのか？」「時空はどうなっているのか？」……こういう問いを追求することをせずに、生き方だけを見出すことが、どうしてもできません。

それは、億万長者という切り口に対しても同様です。でも、本当の原因を知れば、いとも簡単に億万長者になれるかもしれません。

昔、学校では努力とか根性とかが価値あるものと教えられました。しかし、世の中の大金持ちを見たとき、それらの言葉が当てはまらないのです。それどころか楽をして儲けているという感じすらします。

それはいったい、どうしてなのでしょうか？　どうすれば生きているあいだに億万長者になれるのか？

私は億万長者をめざしていたわけではありません。不思議な現象を調査するかたわら、5億円以上も儲けてしまいました。

まじめに働いたわけではないので、たぶん「裏道」なのです。でも、裏道のほうが簡単に億万長者になれるのです。

正道を行く人は、努力するタイプです。お金が入らないのは、努力が足りないからだと思っています。だから、なおさら努力します。もちろん、それで億万長者になる人も、たまにはいます。でも、大富豪になる人は、もともとそういう運命だったからではないでしょうか。

だから、その人が書いた本を読んでも、なれるはずはありません。一般中流階級には、一般中流階級のレールが敷かれているのですから。

江戸時代には士農工商というルールがありましたが、まさにそれです。生まれた家がもともと武家でないと、武士にはなれません。でも、方法があるのです。人は潜在意識の世界では、すべてと通じていると思います。

ユングという心理学者は、ヨーロッパで初めて六爻占術をやった人です。コインを使った占いがあまりに当たるので、そこからシンクロニシティと、集合無意識という概念をつくりました。

シンクロニシティというのは、コインの落ち方と未来の現象が一致するということでもあります。集合無意識というのは、原因の世界がひとつにまとまって存在するというような概念です。

六爻占術は、シンクロニシティを使って、集合無意識にアクセスしているのです。

つまり、六爻占術という手段を使えば、過去から未来の、どんな時間にもアクセスすることができるということです。

この小さな人間ひとりが、あらゆる未来を知ることができるのです。もし成功したかったら、この手を使わないのは損だと思いませんか？

いや、もっといえば、他の方法ではとても難しいと思います。

いわゆる努力をすれば、逆の方向に行きます。

努力とは無理をしていることで、シンクロニシティを起こさない方向に作用するからです。

この項のタイトルは、『努力せずに億万長者になれる「裏道」がある？』でした。そんなうまい話はあるのかと思った人もいるはずです。でも、実際にはもっと奇妙な結果だったのです。

「努力をなくせば億万長者になれる」……これが本当だと思われるからです。

91 家を見なくてもコインを振れば「風水」がわかる!?

トラさんのところに、ある人が相談に来ました。彼は過去にいろいろな病気を多発し、体調が心配でコインを振りました。医者に相談しても原因がよくわからないのです。

トラさんは卦を見ていいました。

「血の流れが悪くて、腸も悪いです。家の風水が原因になっています。まわりの環境からも悪い影響を受けています。近くの道、とくに西南に坂があり、下っていくのでしょう。下ったところに木が生えています」

相談者は答えました。

「判断どおり腸が悪く、よく下痢をします。また、貧血気味で、冬場はとくに血のめぐりが悪いと医者にいわれました。

西南に坂というのはとくに思いあたる場所がないのですが、庭に少し盛り上がっている場所があります。隣の家は少し下がっているので、もしかすると、隣の家の木のことかもしれません。わりと大きな木です」

トラさんは続けました。

「家の水道が漏れているか、あるいは音をたてているところがあります。これらの原因で、健康運が悪くなったのです。チェックしてください」

相談者はいいました。

「家のなかや図面を見ていないのに、これだけいろいろなことがわかるなんて、びっくりしました。家の水道が漏れているところというのは、浄水器の接続が悪く、ときどき漏れる部分のことだと思います。

音をたてている箇所もあります。家の外に水のモーターのようなものがあり、古いせいなのか、ときどきうなりをあげています」

トラさんはいいました。

「判断が合っていますね。だとすれば、赤い袋に土を入れて西南に置いてください。同時に、水漏れを直して、盆栽を家の北西に置いてください」

1年後に相談者から電話がありました。

「玄関が西南にあたるので、土を入れた赤い袋を玄関に置き、盆栽を北西に置きました。水漏れを直し、モーターも交換しました。新しいものも、なぜかうなりをあげることがありますが、以前より音は小さくなり、鳴る回数も減りました。

4カ月経ったころに、体調の改善がみられました。1年後にはとても元気になったと実感できました。以前は胃腸が弱く、消化不良気味だったので栄養吸収ができませんでしたが、今は改善されて食欲旺盛です。相乗効果なのか、ペットの体調も以前よりよくなった気がします」

次はトラさんの弟子からの相談です。ある女性がお店を始めましたが、売り上げが悪いので、風水の原因かと思って、弟子に相談したのです。彼はコインを振って、その卦を電話でトラさんに伝えました。

トラさんは弟子に聞きました。

「お店は1階ではなく、ビルの上のほうにありますね？」

「はい。5階にあります」

「自然光が足りないでしょう？」

「はい。ほとんどないです。水銀灯でお店を明るくしていますが、自然光は売り上げにかかわっていますか？」

「影響があります。隣は飲食店で少し助かっていますが、飲食店の売り上げも悪いでしょう？」

「そうです。隣は飲食店なので、お客さんが少し増えますが、飲食店のほうも不景気です」

「ビルの外側に木があるはずです。大きな木で、お店の金運に悪い影響を与えています。

その木の葉っぱを3枚摘んで布に包み、お店の東北に置いてください」

「ビルの外側にたしかに大きな木がありますが、そんなものが影響があるのですか?」

このように、コインを振るだけで、その家の状況はよくわかるのです。しかも何が悪い原因なのかも知ることができるのです。

92 仕事運を上げるためには?

トラさんは、息子さんの就職の件で北京に行きました。北京には十数人の弟子がいますが、そのうちの3人には、一度も会ったことがありませんでした。弟子たちは知らせを受けて、集まりました。

「いつもはインターネットを利用して、先生について勉強していますが、目の前で先生が占う場面を一度も見たことがありません。今日は一度占ってもらえませんか」

初めて会いに来た弟子のひとりがいいました。トラさんは、この弟子の気持ちがわかりましたので、うなずいて、

「どうぞ、コインを振ってください」

といいました。

彼はコインを振りました。弟子たちはトラさんを囲んで、師匠の判断をひとことも聞き漏らさないように見つめていました。トラさんは彼の顔を少し見上げてから、判断を始めました。

「君は1977年11月の生まれでしょう？」

「どうしてわかったのですか？ 卦から情報を取ったのですか？」

弟子はびっくりした顔をして、尋ねました。卦から誕生日を判断するのは、実はトラさんにとっても初めてでした。

まず彼の顔を見て年齢の参考にし、次は卦の組み合わせを使って判断したのです。トラさんは続けました。

「もう結婚していますね。家では夫婦ふたりが一緒に家財を管理しています。重要なことに、お金を使う場合にはふたりで相談して決めるでしょう。今は家を借りて住んでいますが、今年、家を買いたいと思っているでしょう」

「全部当たっています。先生の判断したとおりです。私の仕事運はどうですか？」

「仕事運といえば、今はよくない。とくに今月は悪い」

「今は仕事をやめたのです。いつ新しい仕事を見つけられますか？」

「仕事を見つけるのは君にとって簡単です。すぐ見つかるでしょう。しかし、好きな仕事ではないです。好きな仕事なら8月になります」

「実は昨日、ある会社から連絡があったのですが、給料が少ないので断ろうと思っていました」

次は、トラさんのお弟子さんが別の相談者を判断した例です。

「あなたは法律関係か医療関係の仕事をしているでしょう」

「私は医者です」

「お医者さんなら、卦から見れば、泌尿器手術関係の可能性が高いです」

「えっ、そこまでわかるのですか。私は病院で泌尿器系の手術をする医者です」

「あなたはお金を無駄に使わない人ですが、昇進のために上司に賄賂を使いました。3万元ぐらいでしたね」

「はい、そのとおりです」

「2003年に上司が替わりました。この上司との人間関係は悪かったです。2005年にもうひとりの上司に替わり、人間関係がよくなってきました。あなたは官職をもっていて、1998年と2001年に昇進しました。今年は転勤したいでしょうね。11月に転勤できるようになります」

相談者は目を丸くして、占いの確率に驚いたそうです。

これらの例でもわかるように、運命の大半は決まっているのです。
そしてそれを早く知ることが仕事運を上げることにもつながります

93 以前からの像や置物を除くことで運が好転する？

トラさんのところに、ある女性が来ました。彼女は旦那さんとよく口げんかをするので、その原因を占いたかったのです。

彼女の話によると、最近は自分の情緒を突然コントロールできなくなり、理由もないのに旦那さんと口げんかをよくするそうです。まったく原因がわからないといいます。

彼女がコインを振り、その卦を見てトラさんはいいました。

「たしかに旦那さんと口げんかをすることが卦には出ています。そして卦から判断すれば、家に神様の像があることが原因です。それで悪い影響を受けたのです。同時に睡眠も悪くて食欲がなく、なかなか落ち着いて生活できません。家を買ったとき借金ができて、いま入ったお金は、ほとんど借金の返済に使いました」

「すべて当たっています。お金を借りてマンションを買いました。今、睡眠が悪くて食欲もありません。マンションの管理者が土地の神様の像を運んできてくれたので、それを祀

神様の像が運を悪くする？

ったのです。そういえば、それ以来、気持ちが悪くなりました」

次の例は神様ではないですが、工芸品で運を悪くした話です。

息子さんの病気占いを頼む電話が、トラさんに入りました。

コインで判断をすれば、次のように出ました。

「毎晩よく眠れません。頭にも病気があり、正常にしゃべれません。その原因を探れば、家の風水にあります。2001年に家の改造があったはずです。家に虎の工芸品があり、そのものから影響を受けています」

聞けば2001年に家の内装をしたそうです。そのとき、運を上昇させるつもりで、ある風水師に見てもらって、家に虎の工芸品を置きました。その後、いい会社に勤めるようになりましたが、突然息子さんが病気にかかって、一日じゅう狂ったようにひとりでつぶやいて、自分は天から降りた神だと叫んでいるとのことです。

単に装飾品として虎の置物を置いても、何の害もありません。運命を変えようとする意識が入って初めて動きはじめるのです。この例では、虎の工芸品に対して運勢を良くしようという「意識」をもって置いたのが原因です。

最初の例に出した神様も同様です。たぶん、運をよくしてもらおうと思って祀ったはずです。そういうのは、裏目に出るときがあるのです。

94 子供が勉強嫌いになった原因を探し出すには？

トラさんの弟子の奥さんが、姪のことを占いました。そのお子さんは勉強がいやで、両親が叱っても効果がありません。

原因と改善方法を占いで知りたいので、コインを振って卦を得ましたが、弟子は判断できないのでトラさんに聞きました。

トラさんは、しばらく卦を見つめると、いいました。

「かまどの裏にお箸が落ちて、カビが出たのが原因です。それを見つけたら、捨ててください。同時に台所の東北に丸い石を1個飾ってください」

探したら、お箸が見つかりました。そのお箸を捨ててから改善策を行なったところ、子供がおとなしくなり、自発的に勉強したいといいだして、成績も上がってきたそうです。

こんなことって、あるのでしょうか?

占いの専門用語が入りますが、トラさんの判断をそのまま載せます。雰囲気だけ知るために読み流してください。

「子孫戌土を用神とします。発動して官鬼に変わり、蛇が臨み、悪い癖があり、行動が怪しいです。忌神が父母で、発動して子孫を剋します。空亡で木の五行で、竹の情報になります。青竜が臨み、飲食の意味で、お箸の情報になります。六爻にも父母寅木があり、同じくお箸の情報です。六爻は退職の爻位で、使えないお箸になります。玄武が臨み、潰瘍や痛みの意味で、カビが出た情報です。変爻に入墓すれば、裏にあります。変爻が子孫で、もうひとつの子孫は二爻にあり、朱雀が臨み、二爻は台所の爻位で、朱雀は燃える、食べるなどの意味で、かまどの情報になります。子孫は妻財を生じるもので、妻財は飲食を意味して、料理をつくるかまどになります」

トラさんの判断を読めば、相当論理的です。いい加減に「カビの出た箸」といっているわけではないのです。

また別の例では、ある女性が兄の子供の未来を占いました。

トラさんは、次のように判断しました。

「じっと家にはいられなくて、遊びや動きが好きな子供です。何かにおぼれて遊んでばかりいます。他人のものを盗る癖があります。このままだと入獄する可能性があります。勉強が嫌いで、未来は暗いです。庭の東南に割れ目のある石が埋まっています。きれいな模様のある石です。その石を取り出して塀の外に配置してください」

判断は当たっていました。

子供はネットカフェでゲームをやるのが好きです。放課後、大人が学校まで迎えに行っても、うっかりすると、子供は逃げてどこかのネットカフェに入ってしまいます。お金が足りなければ、こっそり大人のお金を盗んで遊びに行きます。親はそのことで悩んでいました。

庭には昔使っていた縞模様のひき臼が埋まっていました。それを取り出して塀の外に配置しました。すると、子供は自動的に勉強が好きになりました。

これを読んでいるあなただって、勉強をしなかったのは「カビの出た箸」や「庭に埋まった割れ目のある石」が原因だったのかもしれません。

95 不運続きで人生に希望がもてない人へのアドバイスは?

毎日の生活では、いろいろなことが起きます。すべてがすべて、いいことや楽しいことばかりではありません。私だって、たまにはおもしろくないことだって起こります。

そういう小さな不幸に出会うと、私は「ラッキー!」と思うようにしています。なぜなら、運命はデジタルだからです。ゼロかイチかです。10円拾おうが1万円拾おうが、実は「財運がよい」とカウントされます。これは運が悪いほうにも、同じように考えられます。たとえば、風邪をひいて寝こんだときは、「これで大病にかかる危険が減った」、財布を落としたら「大金を失う危険が減った」と考えればいいのです。

そう考えると、毎日の生活がぐっと楽しくなり、たいていのことは、笑って受け止められる余裕が生まれてきます。いつまでもクヨクヨしているより、精神衛生上も、とてもいいと思います。

上には上があるように、下には下があります。

あなたが年収の少ないことを悩んでいるとしましょう。世の中には、働きたくても仕事がない人だっています。

どんな不幸に見舞われても、必ずそれよりひどい状況がありえます。だから、「この程度ですんでよかった」と思えばいいのです。「お陰で大きな不幸をまぬがれた」と、ポジティブに受け止めることです。

不幸な目に遭っても、常に「ラッキー！」と思えるようになれば、間違いなく幸せになれます。これこそ、確実に幸せになれる方法です。

いくら「運がいい」人でも、一生のあいだ、あらゆる不運を避けつづけることはできません。「運がいい」というのは相対的なもので、絶対的に運がいい人はいないのです。

不幸なできごとを減らすことはできても、決してゼロにはできないのです。

野球のピッチャーでいえば、無理に三振を狙う必要はありません。バックの仲間を信頼して、どんどん打たせましょう。要はバッターをアウトにできればいいのです。ヒットを打たれても、点さえ取られなければいいのです。

逆境のときこそ、チャンスです。くじ引きをイメージすると、いいでしょう。

箱のなかには、「幸運」の白いボールと「不運」の黒いボールが入っています。その内訳は、必ずしも平等ではありません。白いボールが62個、黒いボールが38個用意されている「運のいい」人もいれば、白いボールが43個、黒いボールが57個の「運の悪い」人もいます。平等ではないといっても、せいぜいその程度の差でしかありません。

白が50個、黒も50個入った箱を持っている人を例に取ってみましょう。

まず、「仕事でミスして叱られた」で黒いボールを1個、「恋人とケンカした」でもう1個、「鍵をなくした」でもう1個。この時点で黒を3個拾ったことになります。残りは白が50個で黒が47個ですから、次は白を引く確率のほうが高くなり、再び黒を引いたとすると、その次に白を引く確率はもっと高くなります。

このように、白と黒の数があらかじめ決まっている場合、黒を引けば次に白を引く確率は高くなっていくわけです。ということは？

そう、悪いことが続けば続くほど、いいことが起こりやすくなります。

96「ハンドルを手放す」には、どうしたらいいのか？

私は仙人修行をしたことがありました。そこでは「ハンドルを手放す」ということを教えられました。

たとえば、あなたが車を運転していたとして、交差点に来てあなたは右に曲がったとします。

なぜ、あなたの車は右に曲がったのでしょうか?

ハンドルを切ったから……というのは通常の答です。でも仙人はそう答えません。

右にも道があったから……というのが答です。

何をバカな……と思うでしょう。

一般的な考え方である「すべては自分自身が創り出している」ということからすれば、自分でハンドルを切ったとしか解釈しようがありません。

しかし、すべては自分で創り出しているという考え方は、私たちに何かしらのプレッシャーを与えます。

さて、仙人の世界ではどうでしょうか。

まず、右にも道がなければ曲がりようがありません。

さて、「右にも道があったから」……という答は、「ではなぜ左にも道があったのに左には行かなかったのか?」という質問に答えていません。

しかし、「右にも道があったから」という回答をよく考えれば、左に行かなかった理由がわかるはずです。しかし、これにはとても深い洞察が必要です。

私たちの人生を乗せた車は、常にワダチにはまっているのです。つまりそのとき、ワダチが右にしか向かっていないので右に行ったのです。

右に切るのは私ではありません。無意識の私なのです。意識としての私は、その解釈……つまり、右に切った言い訳をするだけです。

右にも道があったから……という答は、このワダチという問題を実にうまく突いています。

老子は「為さずして為す」といいました。本当の行動というものは、努力なくして、自動的に行なうものだという意味です。これもワダチのことをいっています。

世間一般でいわれる「努力しなさい」という言葉――これは逆に「努力する方向に自分でハンドルを切るのですよ」といっているようなものです。

いわれるとイヤな気持ちになり、しかたなく切ります。いや、実はそれが反対方向になってしまっていることも知らずに……。

努力する方向に、自分でハンドルを切ることはできません。もともと切れないハンドルなのですから、ムリを生じると車を壊してしまいます。

実は、運命変更というのは、ハンドルを手放さないとできません。あなたが運命を変えるのではないからです。

さあ、ハンドルから手を放そうではありませんか。

無理やり切っていたときよりも、精神的にもずいぶんと楽になるはずです。

97 目標をもたないことが幸福につながるのは、なぜ？

大富豪になるための本には、「目標をもて」と書いてあるものが多いです。それをノートに書けというのも多いです。目標は明確なほどよい、というのも多いです。

ところが、この方法を使うと運命の変更はできません。

江戸時代の農民と武士に似ています。

いくら武士になりたいという目標をもったとしても、江戸時代の安定期には、農民が武士にはなれませんでした。

目標をもつというのは、農民が、よりよい農民になる程度なのです。

農民が武士になるには、下克上をしないといけません。

宇宙アニメ的な表現を使えば、「ワープ」しないといけないのです。

目標というのは、三次元の延長のできごとであり、次元シフト（あるいは次元上昇）ではないのです。

私は30年間にわたり会社を経営してきました。

赤字だったのは最初の年だけで、その後ずっと黒字です。それは目標をもったお陰でもありました。

期の初めに、

「今期はこのくらいの黒字を出そう」

といって、目標をつくります。それによって経費とか給与も変化させます。

1年間、そのとおりに運営して、目標どおりの決算ができます。もちろん危機もありますが、逆によいことも起こりますのでプラスマイナスで相殺されるときが多いです。

でも、あなたに聞きたいです。

こういう人生が楽しいでしょうか？

私が不思議なことを研究しはじめたのは、予定されているような人生がイヤになったからです。

課題をクリアして、何が楽しいでしょうか……。

願望実現の本には、なりたいことを紙に書いて、どこかにしまっておけと書いてあるものが多いです。

私にはとてもできません。だって「なりたいこと」というのは、過去と現在の延長でしょう？　そういうふうにして達成したとして、本当に楽しいでしょうか？

もっと予期せぬことがあるに違いない……不思議研究所をつくるとき、こう思いました。

そして、実際に始めると、予想していたことの100倍もすごいことが起こりました。ブラジルでは心霊治療を体験しました。医者の免許のないコンピュータ技師に、80年前に死んだドイツ人の医者の魂が乗り移り、私の左手を麻酔なしで15センチも切り刻みました。痛みを感じないので右手で写真を撮ることができました。その結果、動かなかった左手が回復したのです。

アメリカの体外離脱研究所（モンロー研究所）に滞在しているあいだ、体外離脱に成功して、あの世を楽しみました。

これらはすべて、私の想像をはるかに超えていることでした。

目的をもった旅行をしていれば、こういう現象に遭遇できません。

人は学校で、目標をもちなさいといわれます。

たとえ、「私は具体的な目標などもっていません。毎日をダラダラとすごしています」という人でも、無意識に目標をもっているはずです。

目標というのは、自分に与えた制限のようなものです。

もっといってしまえば、「レール」です。

レールはたしかに目標に向かっています。

でも、そこから外れて、ワープすることができません。

好奇心とは、レールから外れる行為でもあるのです。

少なくとも、一般中流階級から大富豪になるには、今のレールから外れなくてはなりません。

それは自分を制限している目標を取り去り、好奇心に身を委ねることなのです。

98 運命好転に失敗した人の4つの原因とは?

運命好転に失敗した人の事例を集めて統計を取ってみました。すると、失敗した原因は次の4つにあることがわかりました。

●改善グッズを早く外しすぎた

運を変えようと改善グッズを置いて、その日から効果が出るのではないかと思っている人が多いです。

しかし、運もエネルギーの流れと考えられます。今まで悪い方向に流れていた流れがすぐに変わるわけがありません。

川の流れだって、変えようと思ってすぐに変わるわけはありません。

改善グッズを置いた翌日に事故に遭ったとか、財布を落としたとかいって、

「改善効果があるどころか、逆効果でした」

と文句をいってくる人がいます。

その人たちはもちろん、改善グッズは外しています。しかし、トラさんによれば、事故に遭うのも財布を落とすのも、卦に出ているのです。

つまり、前の運がまだ切り替わっていないのです。失敗した人たちのなかでこういう人たちは71％もいました。惜しい人たちです。

●もともとの運命が強すぎた

何でも変えられるわけではないのです。もともとの運命が強すぎれば、やはり無理なのです。この人たちは18％いました。

●コインを振るとき、「場」が取れていなかった

癌のお父さんが亡くなってしまい、延命もできなかったという報告が来たりします。お父さんが亡くなった日を卦で調べると、応期（亡くなる日）が合わないことがあります。

そのとき、トラさんは「場が取れていなかった」と判断します。しかし、この人たちは11％しかいませんでした。とはいえ、1割強です。

●「改善できないパターン」から抜け出せない

この件はグラフにはありません。私が統計を取る際に感じたことです。つまり、改善できないというのが、同じ人に集中するのです。しかし、一度そこから脱出すると、次からは改善できる運命に乗っていきます。

私はトラさんに製作してもらった運命改善のための風水絵を飾っています。トラさんが私の風水絵でとくに力を入れたのは、仕事運の改善です。

ですから、仕事でうまくいったときは、風水絵に必ず報告することにしています。改善運に乗りつづけるためです。

99 運命好転に成功した人たちの共通点は？

運命好転に成功した人たちの共通点は、まず運命はもともと決まっている、ということを認めたことです。

人間の自由はとても少ない、ということを知ったことです。

次は、その運命を知ろうしたことです。だって、運命を知らなければ変えようがありませんから。

多くの人は、運命は自分で切り開くものだと思っています。でも努力すればするほど、運命好転から遠ざかります。

それなら私だってすぐに成功できる……と思った人はいないでしょうか？

自分は怠け者で、努力はしないという人が多いはずだからです。

でも、そういう人は、努力をしているのです。

怠け者だとか、努力をしないという人は、そういう視点で自分を見ているはずです。だから、「努力」に価値を置いているのです。

逆に、自分は努力しているが、ちっとも実を結ばない……こういう人も、努力をしています。

では、努力をしていないという人は、どういう人でしょうか……。

それはすべてを受け容れている人、つまり現在を全肯定している人なのです。今の自分をも、全肯定している人なのです。

「すべてはこれでよい」と思っている人が、努力をしますか？　しませんよね……。不満や足りないところがあるから、努力が生まれるのです。

すでにこの本をここまで読んだあなたは、運命好転の世界に入っているはずです。もう自分の欠点を手放しているはずです。だって、欠点を直すということは運命好転にはつながらないからです。

あなたは長いこと、「変わりなさい」といわれてきました。「成長しなさい」ともいわれてきました。変わることが人生の目的のようにいわれてきました。

でも、あなたはあなたでよかったはずです。宇宙にあなたは、あなたしかいません。なのに、他の人になる必要がどこにあるでしょうか？

あなたの欠点だって、あなただけのものです。他の人から見れば長所にもなります。それを直す必要がどこにあるでしょうか？

あなたは何も変わる必要がないのです。

この状態になったとき、あなたはすべてとつながるようになります。自分と世界を肯定することで、何でも受け入れる準備ができたからです。

環境から影響を受けることを拒否していた状態から、何でも「おまかせ」状態に変わります。

すると、必要なお金や幸運は向こうからやってくるようになります。お金や幸運の側が、あなたに売りこみをかけてくるような感じに変わります。「どうぞ受け取ってください」……と。

羊の携帯ストラップで子供を妊娠した夫婦もそうだったと思います。宇宙の側から「どうぞ子供を受け取ってください」と頼みこまれたのです。そこには努力のかけらもありません。

だって、携帯ストラップでどうやって努力しろというのでしょうか……。

向こうから売りこみがかかる人生なんて、ありえないと思いましたか？　でも、あなたは売りこまれた幸運をどれにしようかと、選択するだけでよいのです。

何も変える必要はありません。

あなたはあなたでOKなのです。

あとがき

この本のなかには六爻占術という占いが出てきます。

それは今から2000年前、京房《けいぼう》という学者が陰陽五行と十二支を卦に取りこみ、六爻占術の前身にあたるものをつくったのが最初です。

当時はその年が豊作か凶作か、あるいは天変地異があるかどうかを占い、皇帝に進言していました。

あまりに当たる占いに危険なものを感じた皇帝は、彼を殺してしまいます。ところが、京房は自分が殺される日まで正確に記した本を友達に託していました。しかし、皇帝がその占いを禁じたため、本は永いこと日の当たる世界に出ることはありませんでした。

この本に登場する中国の考古学者である王虎応（通称トラさん）がそれを発見し、現代にも通じるように改良しました。

実をいうと、トラさん自身も最初は信じていなかったそうです。コインを投げて未来がわかるはずはないと思ったそうです。

しかし、冗談半分で友達を占ったところ、意外にも当たったのだそうです。1度や2度ならば偶然なことと思うかもしれませんが、何回も当たったので、彼は深く研究することにしたのです。

彼はいいました。

「私たちは聖者ではありませんが、時空を超越して何かの力を借り、自分の思うままに未来を変える能力をもつことが可能なのかもしれません」

占いは非科学だといわれています。しかし、原始時代には熱力学の方程式は発見されていませんでしたが、火を使うことはできました。同じように六爻占術のしくみが解明されていなくても、運命変更に使うことはできます。それは火を使うよりも、大きくあなたの人生を変えるはずです。

最後になりましたが、編集の小岩さんにお礼を申し上げます。99個の問いをつくってくれたのは小岩さんです。

そして、この本を手に取ってくださったあなたにお礼をいいたいです。

最後まで読んでくださって本当にありがとう。

森田　健

お知らせ

＊六爻占術の詳しい資料が欲しい方

この本のなかに登場する六爻占術のテキストは書店では売られておりません。詳しい資料が欲しい方は左記までご請求ください。無料でお送りいたします。

〒151-0053

東京都渋谷区代々木1-30-6

不思議研究所

「99の謎」二見書房係

電話03（3375）4489（平日10時〜18時）

FAX03（3375）2955（24時間）

運命を好転する六爻占術無料サービス

森田　健

手順

① 携帯かパソコンで以下のアドレスにアクセスしてください。
http://www.rokko-s.jp/lucky/
携帯がバーコードに対応していれば、最後のほうにある携帯バーコードにアクセスしてください。

② 「金運」「健康運」「男性運」「女性運」のメニューのなかから、占いたいものを選んでください。

③ 3枚のコインを振ってください。

④ 裏の枚数を携帯かパソコンに入力してください。

⑤ 結果が表示されます。
まず、運の強さが表示されます。

次に運命変更のグッズが十二支で表示されます。
次にラッキーな方向が表示されます。
次にラッキーカラーが表示されます。
次にラッキーな数字が表示されます。

コインを振る注意点

１００円玉を使う場合、１００と大きく書いてある側が表です。絵柄の側が裏です。10円玉でも5円玉でもＯＫですが、１円玉は軽すぎてダメです。ただし１００円玉が１枚で10円玉が2枚あるからといってこれらを混ぜて使うことはできません。同じ種類の硬貨を3枚使ってください。

振る前に占いたい事柄について思ってください。

コインは両手のなかで、3~5秒ジャラジャラ混ぜてください。その後、机などの堅いものの上に投げてください。そして裏の枚数を数えます。コインが机から落ちても問題ありません。床に停止したコインの裏表を見て、それを採用してください。

出た裏の目の数を書いてください。

これを6回行なってください。

振るタイミングは、あまり間をおかないでください。リズミカルに振ってください。

結果の見方

運の強さは、プラス10がいちばん強いです。0が普通です。マイナス10がいちばん弱いです。プラス10は運命変更しなくてもそれは実現するでしょう。マイナス10は悪すぎて運命変更できないでしょう。人生は諦めも肝心です。これを機会に別の路線に転向したほうがよいです。

恋愛運なら別の彼に乗り換えたほうがよいです。金運なら別の収入源を考えたほうがよいです。

健康運なら今までの生活様式を一変したほうがよいのです。ということは、一挙大逆転が待っているのがマイナス10なのです。

1日に何度も振ると当たらない

悪い結果が出た人のなかには、良いのが出るまで何度も振る人がいそうです。でも2度3度振る人は、最初のコインにも場が乗らなくなる傾向があります。考えてもみてください。何度も振る人に未来を教えると思いますか？

でも、本当の理由があります。それは2回めに振ったときは、応期が中心に出るのです。「応期」というのは、「モノゴトが実現する時期」のことです。たとえば恋愛運を占った場合、彼氏が「いつできるか」が出るのです。

本書においては、その判断方法まで書く場所がありませんでしたので、割愛させていただいたのです。

運命改善方法

たとえば次の結果が表示されたとしましょう。

運の強さ　＝＋2
ラッキーグッズ　＝龍（たつ）
ラッキーな方向　＝南東
ラッキーカラー　＝黄、赤
ラッキーナンバー＝5
ラッキーな外応　＝竜、魚、ミミズ、池、甕（かめ）、水筒、土、医療関係、麦畑、磁器、土器、辰年生まれの人

運の強さが「＋2」なので「なーんだ、俺の運も大したことないなあ」と思う人は、大

したことがない人です（笑）。もっと上が狙えるからです。

時空は「あなたのもともとの運はこんなものではありません。ここに書かれた情報を駆使すれば、運は5倍（運の強さ10）にもなります」といっているのです。

ラッキーカラーは次のようにして使います。

まずはラッキーグッズ（置物など）の下にラッキーカラーの紙を敷くのです。これで運命変更率はだいぶ上がるはずです。グッズにラッキーカラーのマフラーをつくって巻いてあげるのもよいです。

方向については、シビアになる必要はありません。携帯ストラップにグッズをつける場合も多いからです。

ラッキーな「外応」は、たとえばペットボトルは水筒として解釈されるので、それを持つか身のまわりに置けば吉です。ランチは魚料理とかがよいです。

運の比較

たとえば彼女をデートに誘うとき、Aというレストランがよいか B というレストランがよいか迷ったら、ふたつを「場合分け」して振ってください。恋愛運で占い、「運の強さ」が高いほうを採用すればよいです。

仕事も同様です。Aというプロジェクトでいくか、Bというプロジェクトでいくか、それは金運で占えます。

その場合、すぐにBを振らないでください。Aの「場」はなかなか消えてくれないからです。1時間以上は別のことをやり、一度頭をクリアーしてからBのケースを思って振ってください。

タイムスパン

占いたい期間のことを「タイムスパン」といいます。タイムスパンの意識をもたないと自動的に長期のものが出ます。しかし、なかには今日1日のことを占いたい人もいるはずです。

たとえば競馬で大きなレースがあるとか……。その人は、今日1日という意識をもってコインを振ればよいのです。今日の運勢しか出ません。そこでラッキーグッズが「猪《いのしし》」と出たとします。イノシシはブタでも代用できます。ブタの置物を競馬場に持って行くのも格好悪いと思ったら、ブタの絵を描いた紙をポケットに入れるだけで運は良くなるはずです。

ラッキーカラーが黒と白で、ラッキーナンバーが3だったとすれば、白い紙に黒い鉛筆で3匹のブタを描けばよいです。

その日がデートなら、やはり1日を占うのが便利です。というのは恋愛運ではラッキーカラーが大活躍するからです。

たとえばラッキーカラーが赤と出たとします。でも赤の服は着たくない……、そんなときはピンポイントにその色を使いましょう。下着にピンクを選ぶとか、赤系のハンカチを持つとか……。

要は運命変更の意識をどこに向けるか、です。ピンポイントにその意識を向ければ、着ている服の色は無視して、下着やハンカチの色が運命好転をしてくれます。

ここで問題になるのが、タイムスパンをすぎたグッズをどうするかです。捨てるか洗うかしてください。そのグッズには運命を変更した疲れが残っています。そのまま別の運命変更に使用することは酷です。

健康運に対して1日のタイムスパンを意識して振れば、交通事故などにも対応します。事故も健康運に含まれるからです。1週間の海外旅行に行く場合は、それを思って振ればよいです。無事に帰ってくることができるかどうかが出ます。

株を銘柄別に占うこともできます。しかし、コンピュータから出た結果で投資するのはちょっと危険かもしれません。やはり大金をかけるには、卦の解読知識が必要です。

そういう意味では、この「六爻占術無料サービス」は、ほんの初歩的な方法です。過度の期待は禁物ですし、どうなっても責任はもちません(笑)。

また、無料サービスですので、サーバーの都合でサービスが停止、あるいは終了する場合もあります。つまり保証はできないということです。

しかし、タダであれ、トラさんの秘法が充分に詰まっています。どうせ一生を生きるのなら、楽しい方向に向かいたいものです。

運命を好転させる六爻占術無料サービス用バーコード

二見文庫

運命改善《うんめいかいぜん》の不思議《ふしぎ》な旅《たび》99の謎《なぞ》

著者　森田《もりた》 健《けん》

発行所　株式会社 二見書房
東京都千代田区三崎町2-18-11
電話 03(3515)2311［営業］
03(3515)2313［編集］
振替 00170-4-2639

編集　K.K. インターメディア
印刷　株式会社 堀内印刷所
製本　合資会社 村上製本所

落丁・乱丁本はお取り替えいたします。
定価は、カバーに表示してあります。

ISBN978-4-576-10078-4
http://www.futami.co.jp/

運命好転の不思議現象99の謎

不思議研究所
森田 健

決まった運命を変更する、新しい時代に入った！「金運、財運」を開く方法は？「恋愛運」を高めるためには？「結婚運」を高めるためには？「健康運」を上げるためには？「新たな仕事」に挑戦するには？襲いくる「不運」を打開する方法は？——自分を実験台にしての心霊手術でわかったことは？中国奥地に前世を記憶する「生まれ変わりの村」、チベットへの旅で「運命」と出会う——等99項！

あなたはこの本を読み終わったとき
最強のアイテムを手にする！

知ればトクする
天気予報99の謎
ウェザーニューズ［著］

22度でビールが欲しくなる、天気を知ればゴルフの飛距離も伸びる、コンビニでは天気は仕入れの生命線……など、世界最大の気象情報会社が明かす、トクする天気予報活用術！

ここまで明かしてしまっていいのか
警察の表と裏99の謎
北芝 健［著］

警察官に「ケンカ好き」が多いのは、なぜ？／現役のヤクザは「元刑事」だった！／警察内にはびこる「縄張り」争いの実態は？……など警察の裏事情を大暴露！

ベテラン整備士が明かす意外な事実
ジャンボ旅客機99の謎
エラワン・ウイパー［著］

あの巨大な翼は8ｍもしなる！／着陸時に機内が暗くなる理由は？／車輪の直径は自動車の2倍、強度は7倍！……などジャンボ機の知りたい秘密が満載！

巨大な主翼はテニスコート2面分！
続 ジャンボ旅客機99の謎
エラワン・ウイパー［著］

コックピットの時計はどこの国の時刻に合わせてある？／どの航空会社のジャンボがいちばん乗り心地がいいのか？……など話題のネタ満載の大好評第2弾！

知っているようで知らない意外な事実
新幹線99の謎
新幹線の謎と不思議研究会［編］

車内の電気が一瞬消える謎の駅はどこ？／運転士の自由になるのは時速30Ｋｍ以下のときだけ！／なぜ信号がない？……など新幹線のすべてがわかる！

消防車と消防官たちの驚くべき秘密
消防自動車99の謎
消防の謎と不思議研究会［編著］

全車特注、2台と同じ消防車はない！／「１１９番」通報は直接、消防署にはつながらない／消火に使った水道料金は誰が払う？……など消防の謎と不思議が一杯！

二見文庫

この動物の意外な謎は、この動物園でチェック
動物園を楽しむ99の謎
森 由民［著］

サイの角はなんと「毛」でできている／白熊の体毛は透明で、地肌は黒い！など動物ビックリ99の謎。どこの動物園に行けば、お目当ての動物に会えるか情報も満載

見学順に見所解説の必携ガイドブック
鉄道博物館を楽しむ99の謎
鉄道博物館を楽しむ研究会［編］

07年10月の開館以来、5ヵ月で100万人以上がつめかけている日本一の鉄道博物館58万点の展示物にまつわるさまざまな「謎」を写真と図版を使って解き明かす！

もう負けない！勝ち組パチンカーに変身！
パチンコホールの裏側99の謎
伊集院博士［著］

10年以上にわたりパチンコホール店長としてコンピューターの裏、釘調整、経営の裏まで熟知した著者が、台の見分け方から新機種攻略法まで初めて明かす必勝本！

世界一受けたい日本史の授業
河合 敦［著］

あの源頼朝や武田信玄、聖徳太子、足利尊氏の肖像画は別人だった!? 新説、新発見により塗り替えられる古い歴史に、あなたが習った教科書の常識が覆る

世界一おもしろい江戸の授業
河合 敦［著］

金さえ出せば誰でも武士になれた！／赤穂浪士の元禄時代には、まだ「そば」屋はなかった！…など教科書の常識を打ち破る意外な事実を紹介する第二弾！

世界一おもしろい戦国の授業
河合 敦［著］

直江兼続が石田三成と謀って家康に「直江状」を送ったという事実はない！／光秀・信玄・家康のあの名言は史実にはない〝ウソ〟だった！…など衝撃の新事実！

二見文庫

イチローにみる「勝者の発想」
児玉光雄［著］

イチローと松井の真の凄さは、そのバッティングにあるのではなく、「道を究める」ということにおいて、普通の人間をも成功に導くヒントを与えてくれることなのです。

イチローやタイガーの「集中力」を「仕事力」に活かす！
児玉光雄［著］

「集中力」を〝ここ一番〟でどう活かすか？　目からウロコの簡単トレーニングで、右脳を活性化させてビジネスに役立てる、とっておきの集中力講座！

ぢるぢる日記
ねこぢる［著］／山崎一［監修］

最後の作品集が総カラーページで蘇った。海外で、徹夜明けのファミレスで…日頃体験した奇妙な出来事などを短い文章と絵で淡々と綴ったイラスト・エッセイ集

禍禍《まがまが》
加藤一［著］

困惑、悶絶、呆然、驚愕、震撼、動転、放心……『「超」怖い話』の著者が集めたケータイ・ネット世代の怪談中毒患者におくる、本当は一番怖い不可解な実話怪談92話

これが驚異の実態だ！ミサイル学
金田秀昭［監修］

ミサイルの価格・賞味期限／第二次世界大戦中に日本が開発したミサイル／最大の驚異は中国のミサイル……など知らないと怖い、知るともっと怖いテーマを満載！

唐沢先生の雑学授業
唐沢俊一／おぐりゆか［著］

クマは「クマッ」と鳴くからクマ。エェ～！　TV「世界一受けたい授業」で大人気の「カラサワ先生」による、世界一面白くてためになる雑学の教科書。

世にも恐ろしい心霊体験
ナムコ・ナンジャタウン事務局［編］

「自殺マンション」からの怪電話／私は義母を蹴り殺した!?…霊現象など信じない人たちも身の毛もよだつ怪奇を体験！まさか自分がこんな目に遭うなんて！

私たちは幽霊を見た！
ナムコ・ナンジャタウン事務局［編］

オンラインゲームに怨念のこもる赤い文字／首吊り屋敷の二階左端の窓に……心臓が「ドクン」と妙に脈打ったりするような体験をしたことはありませんか。

怪談 本当に起きた話
ナムコ・ナンジャタウン事務局［編］

恐怖の写メール／乗ってはいけないエレベーター／あのトイレにひとりで入ったの?… いまも、得体の知れないものが、どこかからじっと、あなたを見ている！

世にも奇怪な平成耳袋
ナムコ・ナンジャタウン事務局［編］

「首吊り桜」に宿る怨念／恐怖のブログ『サチコのキラキラ日記』／白目のない少年が笑う……科学では説明できない47の怪現象、怖すぎて一人では読めない！

世にも恐ろしい幽霊体験
ナムコ・ナンジャタウン事務局［編］

事故死した息子の携帯電話が…／僕の肩をたたくのは誰の手？／芸人宿の怖い話！ 他、つい誰かに話したくなる全国から寄せられた身の毛もよだつ47話を収録。

本当に起きた心霊実話
ナムコ・ナンジャタウン事務局［編］

日本全国から恐怖の霊体験手記が殺到！12歳の少女から38歳の刑事、73歳の団体役員まで50人が体験した、なにげない日常に潜むとびきり怖い話を厳選！

二見WAi-WAi文庫